KB205567

저자는 현미경과 망원경, 둘 모두를 가지고 로마서를 조망하며, 로마서를 무엇보다 '서신'으로 그리고 역사적 정황 가운데에서 통전적으로 해석하는데 도움을 준다. 또한 로마서의 복음이 우리가 살아가는 삶의 방식에 어떻게 도전하는지 유려하고 생생하게 풀어간다.

이 책은 학문적 깊이와 읽는 즐거움을 동시에 선사하는 드문 예라고 할 수 있다. 저자는 최근의 학문적 논의들을 잘 녹여서 알기 쉽게 전달하며, 우리에게 익숙하던 해석들에 도전을 가한다. 책의 논의를 따라가다 보면 최근의 해석의 한 사례를 잘 이해할 수 있을 것이다. 이렇게 풍성한 내용을 생생한 표현과 정제된 분량으로 요약해서 담아낼 수 있는 것은 오랜 기간 동안 이 분야를 연구한 학자만이 할 수 있는 일이다.

이 책은 신학자, 목회자, 신학생뿐 아니라 관심있는 평신도에 이르기까지 폭넓은 독자들에게 호소할 수 있을 것이다. 이 책이 말하는 복음의 공동체적, 사회적, 역사적, 우주적 지평에 대해서 우리 모두가 숙고할 필요가 있다.

김규섭, 아세아연합신학대학교 신약학 교수

우리는 일반적으로 로마서를 구원론의 핵심을 제시하는 책으로 이해하고 있다. 그 가운데 이신칭의라는 무거운 주제가 담겨있고 그 무게감을 이기지 못해서 다른 내용들에 관심을 가지지 못할 때가 많이 있다. 저자는 그 단계를 넘어서서 하나님의 백성이 가져야 할 더 넓은 시각으로 눈을 돌리게 이끌고 있다. 로마서를 통해서 나 하나만 구원받으면 된다는 시각을 버리고 온 우주를 다스리는 하나님의 통치에 눈을 돌리게 만든다. 이 책을 통해서 편협한 눈으로 많은 것을 자기 입맛대로 재단하는 종교인이 아니라 하나님의 위대하심을 바라보는 하나님의 백성의 길을 살펴볼 수 있을 것이다.

김명일, 고신대학교 신학대학원 신약학 교수

십여 년 전 가벤타 교수의 로마서 강연을 들은 적이 있다. 그의 해석이 에른스트 케제만과 루이스 마틴의 묵시적 바울 이해와 대동소이한 것 같아서, 그가 전문적인 로마서 주석을 집필하고 있다는 소식을 접해도 크게 흥미가 당기지 않았다. 하지만 이 책을 읽고 생각을 바꾸었다.

탁월한 학자이자 뛰어난 선생인 가벤타는 전문 학술 용어를 사용하지 않고도 로마서의 내용을 쉽고 명료하게 설명한다. 하나님과 하나님을 적대하는 우주적 세력들(Power, Macht) 사이의 충돌이라는 거대한 스크린 위에 바울의 복음 메시지를 풀어낸 케제만과 마틴의 유산을 계승하면서도, '예배'라는 주제를 통해 로마서의 신학과 윤리적 비전을 총괄하는 새로운 해석을 제시한다. 하나님의 힘은 그리스도-사건을 통해 죄라는 초월적 세력을 격파함으로써, 예배를 왜곡시킨 인간을 다시 창조하고 바르게 예배하는 공동체를 만들어낸다. 신학과 윤리는 하나다. 가벤타는 바울이 가진 구원에 대한 이해가 우주적이라는 사실을 거듭 강조하며, 협소한 개인주의적 복음 이해가 발붙일 곳이 없게 만든다.

이 책은 하나님 중심(theocentric) 신학과 하나님에 대한 증언을 담은 편지로서 로마서를 읽는 신학적 해석(theological reading)의 모범과 같은 책이다. 또한 이 책은 좋은 성경 공부 교재이기도 하다. 성경을 제대로 읽는 방법을 가르쳐주기 때문이다. 질문을 던지는 방법과 본문에서 답변을 찾는 방법 모두를 알려준다. 그리고 이 책은 로마서 연구 현황을 친절하게 안내하는 도우미이기도 하다. 각주에 인용된 연구물들은 진지한 로마서 연구를 위한 필수 참고 문헌이기도 하다. 이 책을 꼼꼼히 읽고 "로마서에 가는" 독자들은 자신이 새롭게 창조되었다는 사실을 새삼 깨닫게 되고, 자신의 삶 전체를 헌금으로 드리는 예배자가 될 것이다.

김선용, 신약학 독립 연구자(PhD, 시카고대학교)

SBL(성서학회) 회장을 역임하였으며 바울 연구의 권위자로서 바울 연구에 오랜 시간 머물러왔던 비벌리 가벤타는 주후 1세기의 로마서 속으로 우리를 초대한다. 가벤타는 그 속에 우리가 함께 머물게 하면서, 바울 신학의 정수인 로마서의 중요한 주제들과 논점들을 알기 쉬운 이야기로 풀어서 하나하나 설명해준다.

그녀는 로마서에서 말하는 바울의 복음이 개인적인 것이기보다는 죄와 죽음의 권세로부터 창조 세계 전체를 해방시키는 우주적인 능력임을 제시한다. 『로마서에 가면』은 로마서의 전문적인 주제들을 각주들을 통해 깊이 있게 다루면서도 독자들이 읽기 쉽도록 풀어서 설명하고 있어서, 로마서를 공부하려면 이 책을 먼저 읽는 것이 도움이 된다. 전문성과 가독성 두 가지 모두 만족시키는 『로마서에 가면』을 바울신학과 로마서에 관심있는 교회 교사들과 목회자 그리고 신약 연구자들에게 필수적인 중요한 책으로 추천한다.

이상일, 총신대학교 신학대학원 신약학 교수

가벤타는 지금까지 그리스도인들에게 로마서가 어떤 책이었는지 잘 알고 있다. 개인 구원에 대한 가장 체계적이고 정확한 대답을 주는 책 말이다. 물론 가벤타는 그러한 로마서의 이미지를 부정하진 않는다. 다만 그것과 잇닿아 있는 다른 중요한 문제들, 즉 정체성과 삶 그리고 공동체도 함께 바라보도록 우리의 시야를 넓혀 준다. 가벤타는 로마서 9-16장을 염두에 두고 1-8장을 읽는 법을 알려줄 뿐만 아니라, 로마서가 바울의 다른 편지들과 함께 어떤 큰 그림을 그리고 있는지도 보여준다. 호기심과 기대감 속에서 처음부터 끝까지 로마서를 읽고 싶은 독자에게 이 책은 유익한 안내서가 될 것이다.

조재천, 전주대학교 신약학 교수

지난 세기 중후반부터 비벌리 가벤타를 포함하여 일군의 영향력 있는 바울 학자들은 복음의 우주적이고 묵시적인 차원을 강조하는 바울 읽기를 발전시켜 왔다. 그 연장선 상에 있는 이 책에서 가벤타는 로마서를 둘러싼 사회사적 정황을 다루는 최신 논의에 대한 감각을 발휘하면서도, 복음이 가진 우주적 함의에 강조점을 둔 채로 로마서 전체를 읽어 나간다. 가벤타의 명료한 전망은 개인 구원에 관한 교리를 뒷받침하는 데에 로마서를 파편적으로 사용해 온 이들에게는 유용한 교정 방안이 될 것이다. 또한 초기 기독교 공동체 내부의 민족적, 문화적 갈등에 초점을 맞춰 온 이들에게는 더 포괄적인 지평 안에 그 문제를 위치시키도록 도전하는 자극제가 될 것이다.

이 책은 가벤타의 여러 강좌들을 확장 및 개정한 것이다. 따라서 이 책의 독자들은 노련한 학자의 강의실로 초청받아 로마서 안에 "머물러" 있을 수 있는 특권을 누린다. 우리는 누군가를 통해서, 누군가의 존재 덕분에 바울을 듣는다. 바울의 파송을 받은 뵈뵈가 로마의 회중들을 응시하며 광대한 복음을 전했듯이, 가벤타는 오늘의 우리를 응시하며 그 "바울 복음"(the Gospel according to Paul)을 다시 생기 있게 구술한다. 강연의 현장감을 유려한 이야기체로 살려낸 번역자의 노고 역시 본 역시를 더욱 빛나게 만든다. 누군가 복음을 번역할 때, 그는 복음이 일부가 된다. 이 책을 읽는 우리 중 누군가는 다시 가벤타를 향해, 혹은 또 다른 누군가를 향해, 그 복음을 되울려 줄 수 있을 것이다.

정동현 (PhD, 에모리대학교)

그 누구도 로마서를 비벌리 가벤타처럼 생생하게 구현하지 못할 것이다. 그녀는 다양한 기독교 독자들을 대상으로 이해하기 쉬우면서도 도발적인 책을 썼다. 이 책은 바울 복음에 대한 우리의 익숙한 해석 방식에 경종을 울리며, 세계 전체를 아우르는 하나님의 구원의 힘을 보여준다. 로마서의 출발점 그리고 주요 주제가 우리가 아닌 하나님이라고 한다면, 돌연히 우리는 우리 자신과, 교회, 그리고 '윤리'에 대한 지나친 염려로부터 자유해지기 시작한다. 3-D 렌즈와도 같은 이 책은 로마서와 복음, 하나님의 은혜와 권세의 실재, 그리고 신비를 새롭고 흥미진진하게 보게 만들어 줄 것이다.

존 바클레이(John M. G. Barclay), 더럼대학교(Durham University)

로마서에 관한 책들은 수도 없이 많지만, 단연코 이 책과 같은 책은 없다. 학문적으로 깊이가 있으면서도 이해하기 쉬워 폭넓은 독자층을 아우르며, 책 곳곳에서 목회적인 통찰과 즐거운 유머가 발견된다. 따라서 그리스도인들과 연구자들 모두에게 선물과 같은 책이 될 것이다. 가벤타는 로마서라는 웅장한 대도시로 우리를 초청한다. 그 거리를 돌아다니며 흥미진진한 대화를 나누다 보면, 어느덧 로마서의 주님이 우리를 새롭게 하실 것이다.

수잔 그로브 이스트먼(Susan Grove Eastman), 듀크대학교(Duke Divinity School)

로마서에 관한 책이 엄청나게 흥미로울 수 있다고 생각조차 해본 적이 없는 사람이라면, 이 책을 읽어봐야 한다. 비벌리 로버츠 가벤타의 글은 눈을 뗄 수 없다. 로마서에 관한 그녀의 통찰력은 놀라우리만큼 독창적이며, 로마서에 담긴 "복음의 광대함"을 보여주는 그녀의 능력은 숨이 막힐 정도로 탁월하다. 많은 독자들이 음미하길 바란다.

토마스 롱(Thomas G. Long), 에모리대학교(Emory University, Candler School of Theology)

기독교가 시작된 그 시점부터 오늘날에 이르기까지, 로마서는 혁명적인 사고방식의 원천이었다. 로마서보다 우리가 복음의 근본적인 핵심에 더 가까이 다가갈 수 있는 곳은 없다. 이 바울 교향곡의 보편적이고 우주적인 소리가 우리 시대 가장 존경받는 바울 해석자 중 한 명인 가벤타의 손에서 연주되었다. 지역 목회자들과 평신도들을 대상으로 쓰인 이 책은 대중문화와 맞닿는 생생한 표현들로 가득하여 그만큼 흥미롭게 읽을 수 있다. 그뿐만 아니라 독자들을 흔들어 깨워 기독교 신학 역사상 특별한 위치에 놓인 이 위대한 사도를 새롭게 보도록 만들어 줄 것이다.

플레밍 러틀리지(Fleming Rutledge), 『부끄럽지 않은 복음: 로마서 강해』(Not Ashamed of the Gospel: Sermons on Romans), 『십자가 처형: 예수 그리스도의 죽음에 관한 이해』(The Crucifixion: Understanding the Death of Jesus Christ) 저자

이 책은 교회가 오랫동안 필요로 했던 책이다. 가벤타는 우리에게 익숙한 허울을 떼내어 로마서에 담긴 극적인 이야기를 들려준다. 학문적이면서도 대중적이고, 고대를 다루는 동시에 현대를 이야기하며, 신학적이면서도 목회적이다.

M. **크레이그 반스**(M. Craig Barnes) 프린스턴 신학대학원(Princeton Theological Seminary)

비벌리 가벤타는 테렌스 맬릭의 영화(트리 오브 라이프[Tree of Life])나, 브루스 스프링스틴의 노래(꿈과 희망의 나라[Land of Hope and Dreams])와 같이 다양한 출처의 현대 문화 예화들을 사용하여, 로마서에 담긴 바울의 복잡한 메시지를 흥미롭게 밝혀낸다. 학자들에게는 설득력 있는 주해를, 초심자들에게는 명확한 이해를 선사하는 그녀의 수려한 글은 바울의 메시지에 담긴 우주적인 권세, 해방의 권세를 우리에게 일깨워 준다. 반드시 읽어봐야 할 진귀한 책이며 누구나 쉽게 읽을 수 있다. 로마서를 읽을 거라면 이 책과 함께 시작하기를 추천한다.

브라이언 블론트(Brian Blount) 유니언 장로교 신학대학원(Union Presbyterian Seminary)

독자들은 이 책을 가벼운 마음으로 읽으며 쉽게 이해할 수 있을 것이다. 그로 인해 복잡한 로마서 속으로 깊이 빠져들어 유익을 얻고 있다는 사실조차 인식하지 못할 수도 있다. 가벤타의 노련한 경험과 신뢰할 만한 판단을 따라간다면, 로마서의 복잡한 지형 속에서도 헤매지 않게 될 것이다.

캐롤린 오식(Carolyn Osick), 브라이트 신학대학원(Brite Divinity School)

ⓒ 2016 by Beverly Roberts Gaventa
Originally published in English under the title
When in Romans by Baker Academic,
A division of Baker Publishing Group
P.O. Box 6287, Grand Rapids, MI 49516, U. S. A.
All rights reserved.
Used and translated by the permission of Baker Publishing Group
through rMaeng2, Seoul, Republic of Korea.
This Korean edition ⓒ 2021 by HY Publisher, Seoul, Republic of Korea

이 한국어판의 저작권은 알맹2를 통하여
Baker Academic, A division of Baker Publishing Group과 독점 계약한
도서출판 학영에 있습니다.
신 저작권법에 의하여 한국 내에서 보호받는 저작물이므로
무단 전재와 무단 복제를 금합니다.

로마서에 가면

비벌리 로버츠 가벤타

사랑하는 아들 매튜와 며느리 사라
그리고 손주 찰리에게
바칩니다.

| 목 차 |

Old Testament

Gen.	Genesis	Song	Song of Songs /
Exod.	Exodus		Song of Solomon
Lev.	Leviticus	Isa.	Isaiah
Num.	Numbers	Jer.	Jeremiah
Deut.	Deuteronomy	Lam.	Lamentations
Josh.	Joshua	Ezek.	Ezekiel
Judg.	Judges	Dan.	Daniel
Ruth	Ruth	Hosea	Hosea
1–2 Sam.	1–2 Samuel	Joel	Joel
1–2 Kings	1–2 Kings	Amos	Amos
1–2 Chron.	1–2 Chronicles	Obad.	Obadiah
Ezra	Ezra	Jon.	Jonah
Neh.	Nehemiah	Mic.	Micah
Esther	Esther	Nah.	Nahum
Job	Job	Hab.	Habakkuk
Ps(s).	Psalm(s)	Zeph	Zephaniah
Prov.	Proverbs	Hag.	Haggai
Eccles.	Ecclesiastes	Zech.	Zechariah
		Mal.	Malachi

New Testament

Matt.	Matthew	1–2 Thess.	1–2 Thessalonians
Mark	Mark	1–2 Tim.	1–2 Timothy
Luke	Luke	Titus	Titus
John	John	Philem.	Philemon
Acts	Acts	Heb.	Hebrews
Rom.	Romans	James	James
1–2 Cor.	1–2 Corinthians	1–2 Pet.	1–2 Peter
Gal.	Galatians	1–3 John	1–3 John
Eph.	Ephesians	Jude	Jude
Phil.	Philippians	Rev.	Revelation
Col.	Colossians		

Old Testament Apocrypha

Bar.	Baruch
2 Esd.	2 Esdras
1–4 Macc.	1–4 Maccabees
Pr. Azar.	Prayer of Azariah

Old Testament Pseudepigrapha

2–4 Bar.	2–4 Baruch	Jub.	Jubilees
Jos. Asen.	Joseph and Aseneth	T. Job	Testament of Job

Other Abbreviations

AB	Anchor Bible
BDF	Blass, Friedrich, Albert Debrunner, and Robert W. Funk. *A Greek Grammar of the New Testament and Other Early Christian Literature.* Chicago: University of Chicago Press, 1961.
BETL	Bibliotheca Ephemeridum Theologicarum Lovaniensium
BHT	Beiträge zur historischen Theologie
BibInt	Biblical Interpretation Series
chap(s).	chapter(s)
ExAud	*Ex Auditu*
ICC	International Critical Commentary
JSNT	*Journal for the Study of the New Testament*
JSNTSup	Journal for the Study of the New Testament Supplement Series
JTI	*Journal of Theological Interpretation*
KJV	King James Version
LXX	Septuagint
MNTC	Moffatt New Testament Commentary
NASB	New American Standard Bible
NET	New English Translation
NIB	*The New Interpreter's Bible.* Edited by Leander E. Keck. 12 vols. Nashville: Abingdon, 1994–2004.
NICNT	New International Commentary on the New Testament
NIV	New International Version
NovT	*Novum Testamentum*
NovTSup	Supplements to Novum Testamentum
NRSV	New Revised Standard Version
NTL	New Testament Library
NTS	*New Testament Studies*
Prot. Jas.	Protevangelium of James
PRSt	*Perspectives in Religious Studies*
Sat.	Juvenal, *Satires*
SJT	*Scottish Journal of Theology*
SNTSMS	Society for New Testament Studies Monograph Series
v(v).	verse(s)
WBC	Word Biblical Commentary
WUNT	Wissenschaftliche Untersuchungen zum Neuen Testament

· 옮긴이의 말

1. 이 책은 본래 강의된 내용을 엮은 것이므로 그 현장감을 전달하기 위해 '합쇼체'와 '해요체'를 섞어서 사용했습니다. 또한 각주 용어 see는 '참조'로, cf는 참고로 번역했습니다.

2. 저자의 논지가 개역개정성경의 번역과 다르다고 판단되는 경우에는, 저자 개인의 번역을 따랐습니다. 그 논지가 크게 다르지 않은 경우, 되도록 개역개정성경 혹은 새번역성경을 반영했습니다.

3. 저자가 사용하는 주요 용어를 다음과 같이 번역했습니다.

Power 권세(힘), Rectification 바로잡음(바로잡힘)

Make (things) right 바로잡다(옳게 만들다): 이로써 흔히 사용되는 의롭게 만들다 (make righteous) 혹은 의롭다고 선언하다(declare righteous)와 구별했습니다.

시리즈 서문

"관용의 정통주의"(generous orthodoxy)에 대한 이야기가 퍼지기 훨씬 이전부터, 존 웨슬리(John Wesley)는 그 자신이 "관용 정신"(catholic spirit)이라고 불렀던 자세로 사역과 신학적인 대화에 임했습니다. 웨슬리가 평생 "특정 교회 성도들(성공회)과 가장 친밀하고 애정 어린 관계"를 유지하려 했던 것은 사실이지만,[1] 그럼에도 옛 신조들을 고백하는 정통 기독교에 충실했다는 것 그리고 그의 서재에 보편교회(church catholic)에 속한 다양한 신학 전통의 책들도 꽂혀 있다는 것을 스스로 분명히 밝힌 바 있습니다. 저희는 나사렛 신학대학원(Nazarene Theological Seminary, NTS)에 속한 이들로, 웨슬리와 연관된 신학 전통에 헌신하고 있습니다. 하지만 웨슬리가 그랬던 것처럼, 다

---

1 John Wesley, *Sermon* 39, "Catholic Spirit," §III.4, in Bicentennial Edition of the Works of John Wesley (Nashville: Abingdon, 1985), 2:79–95. 하지만 웨슬리와 성공회의 공적인 관계가 그의 삶의 어느 시점에서는 딱히 친밀하다거나 애정이 있지 않았음을 알고 있습니다.

양한 신학 전통들로부터 받은 관대한 선물들 또한 분명하게 인식하고 있습니다. 제가 속한 공동체가 지속적으로 운영되는 과정 속에서 그러한 선물이 구체적으로 드러나는 모습 중 하나가 바로, 다양한 후원자들의 관대한 기부로 이루어지는 공개 강좌들입니다. 이 시리즈 역시 그러한 강좌들 덕분에 나올 수 있었습니다.

　이 시리즈에 속한 책들의 경우, 계속해서 지원을 받고 있는 두 개의 강좌 곧, 얼 성서 강좌(Earle Lectures on Biblical Literature)와 그리더—윈젯 신학 강좌(Grider-Winget Lectures in Theology)의 일부에 해당하며, 특별히 나사렛 신학대학원에서 이루어진 공개 강좌들을 확장한 것입니다. 얼 성서 강좌 시리즈는 나사렛 신학대학원의 첫 번째 신약 교수였던 랄프 얼(Ralph Earle)을 기념하여 그 이름이 붙여졌습니다. 1949년, W. F. 올브라이트(Albright)와 함께 "성서 연구를 더욱 장려하기" 위한 목적으로 시작된 이 시리즈는 그간 F. F. 브루스(Bruce), I. 하워드 마샬(Howard Marshall), 월터 브루그만(Walter Brueggemann), 리처드 헤이스(Richard Hays), 테렌스 프레트하임(Terence Fretheim), 조엘 그린(Joel Green)과 같은 탁월한 성서 학자들을 나사렛 신학대학원으로 초청해왔습니다. 한편, 그리더—윈젯 신학 강좌 시리즈는 나사렛 신학대학원에서 오랜 시간 신학 교수를 역임했던 케네스 그리더(J. Kenneth Grider)와, 해당 시리즈를 기획한 마벨 프란센 윈젯(Mabel Fransen Winget)의 아들이자 그리더 박사의 학생이었던 윌프레드 윈젯(Wilfred L. Winget)을 기념하여 그 이름이 붙여졌습니다. 이 강좌는 1991년,

"탁월한 신학자들을 나사렛 신학대학원으로 초청하려는" 목적을 가지고 토마스 랭포드(Thomas Langford)와 함께 시작되었습니다. 그리고 여기서 강연을 해왔던 이들로는 테어도르 루니온(Theodore Runyon), 도날드 블로쉬(Donald Bloesch), 위르겐 몰트만(Jürgen Moltmann), 로버트 젠슨(Robert Jenson), 에이미 플랜팅가 파우(Amy Plantinga Pauw) 등이 있습니다.

이 단행본 시리즈의 제목인, 신학적 탐구는 앞서 말한 강좌의 성격과 목적을 저희가 어떻게 이해하고 있는지를 보여줍니다. 첫째, 강좌들이 성경 문헌 그리고 조직신학에 맞춰 구성되어 있을지라도, "신학적 탐구"라는 표현이 현대 조직신학 연구와 함께 성경(Scripture)도 살펴본다는 점을 적절하게 드러내는 좋은 표현이라고 생각합니다. 물론 신학적이지 않은 질문을 통해 접근이 가능한 성경 본문도 있지만, 그러한 접근 방식이 해당 본문을 성경으로서 대하는 방식은 아니라고 생각합니다. 신구약 본문들은 그저 신학적인 통찰을 끌어내는 데 쓰이는 생기 없는 그릇들이 아닙니다. 특정한 역사적, 사회적, 정치적 상황들 가운데 신학이 깊이 관여해왔음을 보여주는 증거가 바로 신구약 본문들입니다. 그렇기에 성경 본문들은 그 고유의 성격대로, 신학적인 질문들을 통해서 접근해야 합니다. 그러므로 이 시리즈를 만든 목적은 곧 성서학(biblical studies)과 조직신학 분야에서 이루어지는 신학적인 탐구라고 말할 수 있겠습니다.

둘째, 저희는 각 강좌들이 성서학과 조직신학의 현 관심사와 사고 방식의 최첨단을 다루기 원하기 때문에, "탐구"라는 단어가 알맞다고 생각합니다. 세 번의 공개 강좌는 분명 시간적으로 제한이 있고, 심지어 그 강좌 내용을 확장한다고 해도 일반적으로 길고 상세한 단행본으로 나오기는 쉽지 않습니다. 대신에 주어진 주제를 짧지만 함축적으로, 즉 탐구로서 다루고자 노력했습니다.

셋째, 저희는 "보편 교회"라는 표현을 통하여, 이 시리즈에 속한 책들이 넓은 의미에서 **교회를 위한**(pro ecclesia) 것이 되기를 바라고 또 희망합니다. 그 희망은 곧 다양한 신학 전통들을 대표하는 강연자들이 예수 그리스도의 교회 전체의 유익을 위하여 전달하려는 것이기도 합니다. 나사렛 신학대학원이라는 공동체는 두 종류의 강좌에 재정을 지원하는 분들을 통해 풍성한 선물을 받은 셈입니다. 그러므로 이번에는 이 시리즈가 보편 교회에 풍성한 선물이 되며, 하나님의 백성이 **하나님의 선교**(missio Dei)에 참여하도록 이끄는 수단이 되기를 바라고 또 기도합니다.

강좌 책임자
앤디 존슨(Andy Johnson)
나사렛 신학대학원
캔자스시티, 미주리

저자 서문

로마서를 다루는 이 책은 일반적으로 로마서와 관련된 책을 한 번도 읽어본 적이 없는 사람들을 위한 책입니다. 로마서와 관련된 책을 읽는 이들을 위한 서적들은 이미 아주 많이 나와있습니다. 주기적으로 책 더미가 쏟아져 나오고 있지요. 그 모든 책들을 읽고 따라가는 것은 사실상 불가능한 일입니다. 하물며 아주 부지런한 전문가라 하더라도 말이지요. 로마서와 관련된 책들이 쌓여감에 따라 (그를 통해 이루어지는) 대화는 비전문가들에게 점점 더 어렵고 까다로운 전문적인 일이 되고 있습니다. 바로 이 점이 문제입니다. 전문가들이 아무리 학식과 통찰력을 겸비했다 하더라도, 로마서를 소수의 사람들에게만 맡겨두기에는 그 편지가 너무나도 중요하기 때문입니다.

제가 이 책을 통해 여러분에게 건네 드리려고 하는 것은 로마서로 들어가는 일종의 초대장입니다. 제가 생각하기에 로마서 안에서, 특히 1세기뿐만 아니라 우리 시대에서도 중요하다고 생각되는 측면들을 살펴보는 초대장이지요. 서론에서는 로마서 편지의 구성과 관련된 몇 가지 일반적인 질문들을 다룰 것입니다. 하지만 이 책은 로마서 편지를 조사하는 책은 아닙니다. 또한 편지 전체에 대한 주석도 아니고요. 물론 그런 작업들 역시 준비 중이긴 합니다. 그리고 가급적 전문적인 용어는 쓰지 않으려고 노력했습니다. 독자들을 잠에 들게 만드는 지나치게 상세한 논의를 어수선하게 내놓지 않으려고 노력했습니다. 특정한 내용을 더 알고 싶은 분들에게는 각주가 도움이 될 것입니다. 하지만 대다수 독자들의 경우 그냥 넘어 가셔도 무방합니다. 책 후반부에 나열된 도서 목록 역시 더 자세한 연구를 위한 발판으로 기록해 놓았습니다.

서론에서 저는 그 누구도 혼자서 글을 쓰지 않는다는 점을 언급했습니다. 분명히 저 역시도 이 책을 혼자서 쓰진 않았습니다. 이 책을 쓰는 일은 2013년 가을, 나사렛 신학대학원에서 얼 성서 강좌를 맡아달라는 로저 한(Roger Hahn)의 초청으로 시작되었습니다. 저에게 환대를 베풀어주고 강좌에 대한 좋은 대화를 나누어 준 초청자이자 동료인 앤디 존슨에게 먼저 감사한 마음을 전합니다. 또한 얼 강좌와, 그 강좌들을 확장하고 개정하여 책으로 나오게 해준 베이커 아카데미(Baker Academic)에도 감사드립니다.

저는 2015년 2월, 오스틴 장로회신학대학원(Austin Presbyterian Theological Seminary)에서 커리 강좌(Currie Lectures)를 통해 이 책 1-3장의 초

안을 발표했습니다. 저와 수년간 우정을 나누어 주고, 그 강좌에도 초청해 준 총장 테오도르 워들로(Theodore Wardlaw)에게 감사한 마음을 전합니다. 그곳에서의 일주일은 예배와 강좌, 대화와 교제가 어우러진 즐거운 시간이었습니다.

저는 프린스턴 신학대학원(Princeton Theological Seminary)에서 거의 20년 동안 정기적으로 로마서를 가르쳤습니다. 예전의 학생들이라면 다양한 교육(학적) 실험들 속에서 전해진 일화나 비유를 기억할지도 모르겠네요. 학생들은 고개를 끄덕이거나 아멘을 하거나, 혹 투덜거리거나 하품을 함으로써, 어떤 내용이 다른 데서나 해야 할 이야기인지, 또 어떤 내용이 그들과 소통하는데 알맞은 이야기인지를 분류하는 데 도움을 주었습니다. 그들의 도움에 감사를 표할 수 있어서 기쁘게 생각합니다.

목회를 하고 있는 친구들, 패트릭 제임스 윌슨(Patrick James Willson)과 레슬리 머피 킹(Leslie Murphy King)은 제 원고의 일부를 읽고 여러 가지 개선점을 지적해주었습니다. 그들의 관심과 격려에 감사한 마음을 전합니다.

처음에 구두로 발표했던 내용을 문서 형식으로 바꾸는 일은 베일러 대학교(Baylor University)에 있는 제 대학원 조교들의 도움 덕분에 훨씬 수월하게 이루어질 수 있었습니다. 스콧 라이언(Scott Ryan)과 나탈리 웹(Natalie Webb)은 작업 초기 단계에서 중요한 조사와 연구를 도와주었습니다. 나탈리는 편집 단계에 있는 원고를 읽고 제가 나중에 곤혹을 치르지 않도록 도움을 주었고 처음부터 끝까지 다양한 제안을 해주었습니다. 저스틴 킹(Justin King)은 원고를 준비하는 최종 단계에서 없어서는 안 될 사람이었습니다. 저스틴은 서지 정보를 조사해줬을 뿐만 아니라, 원고 전체를 읽고 수많은 오류들을 교정해주었습니다. 또한 로마서에 관하여, 특히 이 책과 관련하여 중요한 대화 상대가 되어주었습니다. 그리고 베일러 대학교 종교학과의 도움, 특히 학장이신 윌리엄 벨린저 주니어(William H. Bellinger Jr.)의 도움에도 감사한 마음을 전할 수 있어 기쁘게 생각합니다.

그 밖에 제가 바라는 것이 있다면, 혹시 남아있을지 모르는 실수나 부적절한 표현, 오류를 놓고 그 책임을 이 훌륭한 사람들에게 묻지 않는 것입니다.

저에게 크나큰 기쁨을 주는 세 사람, 저의 아들 매튜 가벤타(Matthwe Gaventa)와 며느리 사라 키니 가벤타(Sarah Kinney Gaventa), 그리고 손자 찰리(Charlie)에게 이 책을 헌정합니다. 매튜와 사라는 모두 말과 행실로 끊임없이 복음을 선포하고 있습니다. 저는 이 책의 일부라도 두 사람과 그들의 회중들에게 도움이 되기를 바랍니다. 찰리는 성경에 관한 책은커녕 그림이 없는 책조차 읽은 적이 없지만, 언젠가는 성경책을 읽는 기쁨을 누리길 바랍니다. 이 책에 비록 공룡은 나오지 않지만, 그래도 열차와 그 열차에 타는 사람들은 나온다고 말해줄 수 있어서 기쁘게 생각합니다(저자는 결론에서 열차에 대한 이야기를 합니다 -역주).

서론

이 책의 제목은 "로마에 가면 로마법을 따르라"(When in Rome, do as the Romans do)는 옛 격언에서 따온 것입니다(원서의 제목은 When in Romans입니다 -역주). 우리에게 친숙한 이 격언은 (현지에 가서) 지나치게 눈에 띄지 않으려면 혹은 불쾌감을 주지 않으려면 현지인처럼 행동해야 한다는 의미를 담고 있습니다. 마치 근대 민중 차원의 격언으로 들리기도 하지만, 사실 이것은 20세기 상대주의 여행 가방에 담겨 들어온 격언이 아닙니다. 이 격언은 적어도 주후 390년, 히포의 아우구스티누스(Augustine)가 쓴 편지로까지 거슬러 올라갑니다. 그 내용은 아우구스티누스가 밀라노의 암브로시우스(Ambrose)에게서 받은 조언을 인용하는 맥락입니다.

제가 로마에 가면 토요일에 금식하겠지만, 여기[밀라노]에서는 금식을 하지 않습니다. 당신이 어떤 교회를 출석하든지 간에 그곳의

관례를 따르십시오. 당신이 어떤 식으로든 반감을 주거나 혹은 받고
싶지 않다면 말이지요.[1]

다소 인위적이긴 하지만 이 격언을 장소(로마)에서 글(로마서)로,
다시 말해, 아주 중요하면서도 친숙한 텍스트인 바울의 로마서로
옮겨보았습니다. 또한 저는 그 격언을 다음과 같은 질문을 던지는
데 활용하고자 합니다. 만일 21세기 초반을 살아가는 교회의 독자
들, 청중들, 교사들, 설교자들이 "로마서 안에" 있다고 한다면, 과연
어떠한 일이 벌어질까요?[2]

제가 가진 인상, 곧 제가 수십 년 동안 개신교 신학교 혹은 여기
저기서 진행되는 각종 교육 포럼에서 가르치며 받은 인상은, 우리
가 로마서 안에 아주 오랜 시간 머무르지는 않는다는 점입니다. 기
껏해야 주말에 잠시 방문하는 정도지요. 우리는 다음과 같이 화려
한 구절들에 대해서는 친숙합니다.

---

1   St. Augustine, "Letter 54: Augustine gives greeting in the Lord to his most
    beloved son, Januarius (c. 400)," in *Letters*, vol. 1, trans. Sister W. Parsons,
    Fathers of the Church (Washington, DC: Catholic University of America
    Press, 1951), 253-54.

2   저는 이곳을 비롯하여 책의 곳곳에서 1인칭 복수(우리)를 사용할 것입니다.
    이는 독자들이 (제 견해에) 동의하도록 강요하려는 목적이 아니며, 그저 저
    와 함께 로마서 안에서 충분한 시간을 보내길 바라는 마음으로 사용하는 것
    입니다. 독자들은 자신들의 다양한 경험을 로마서를 읽는 일에 그리고 로마
    서에 관한 제 해설을 읽는 일에 끌고 오기 때문에, "우리"는 도중에 의견이
    달라질 수도 있습니다.

저는 복음을 부끄러워하지 않습니다. 이 복음은 구원을 위한 하나님의 권세(power)입니다 … (롬 1:16)

모든 것이 합력하여 선을 이룹니다 … (롬 8:28)

믿음은 들음에서 납니다 … (롬 10:17)[3]

교육 배경에 따라 혹은 기독교 공동체 안에서 누린 특정한 경험에 따라, 몇몇 구절들이 이 목록에 더 추가될 수도 있을 것입니다.

우리는 성경이 동성 관계에 대해 뭐라고 말하는지 파악하려고 로마서 1장의 후반부를 읽기도 합니다. 또한 우리는 로마서 8장의 마지막 구절들에 대해서도 잘 알고 있습니다. 흔히 장례식에서 격해진 감정으로 그 구절들을 읽곤 하니까요. 때로는 장례식에서 자제력을 잃지 않으려고 손톱들이 손바닥에 파묻힐 정도로 주먹을 꽉 쥔 채 읽기도 하지요. 그리고 성구집(lectionary, 공적인 예배나 개인의 경건 생활을 위해 성경 구절 등을 모아 놓은 선집을 가리키며 '성서일과'라고도 합니다 -역주)이 어쩌면 로마서를 더 깊이 연구하도록 이끌 수도 있을 것입니다. 바울의 추상적인 개념들, 부자연스러운 논리, 그리고 그의 논증 가운데 모순처럼 보이는 내용을 연구하거나 씨름하기보다, 계속해서 (성구집 안에 있는) 복음서(발췌)를 택하는 설교자들을 저는 더 많이 알고 있긴 하지만요.

---

3   NRSV성경. 이처럼 특별한 언급이 없다면 제 개인의 번역(사역)을 사용한 것입니다.

우리 모두는 로마서라는 편지를 읽어 봤습니다. 그것도 여러 차례나요. 하지만 읽는다는 행위 자체가 반드시 도움이 된다는 법은 없습니다. 우리 모두는 어떤 경향을 지닌 채 읽기 때문입니다. 이것은 마치 로마서를 두루 다니는 관광버스를 타고 오르내리면서, 노선을 돌 때마다 매번 똑같은 명소만을 둘러보는 것과 같습니다. 우리가 거대한 대도시 안에 있다는 것을 모르고요. 사실 그 도시는 우리가 생각하는 것보다 훨씬 더 크고 놀랍고 충격적인데 말이지요.

제 생각에 크고 거칠고 소란스러운 (로마서라는) 대도시는 교회에 반드시 필요합니다. 그러나 이 말이 곧 교회 안에서 우리가 마주하는 모든 쟁점을 향해 로마서를 세세하게 적용할 수 있다는 뜻은 아닙니다. 로마서는 만병통치약이 아닙니다. 로마서는 카펫 색깔을 정해주거나 혹은 예산 격차를 줄여주지 못합니다. 어떤 음악을 골라야 하는지도 결정해주지 못하고요. 로마서가 하는 일은 우리로 하여금 좋은 소식(복음)이 가진 우주적인(universal) 지평을 바라보게 하는 것입니다.

바울의 해석에 따라 드러나는 복음의 광대함을 느끼며, "로마서 안에" 더 오랜 시간 머무른다면, 우리가 가진 전제들 가운데 일부는 분명 뒤집히게 될 것입니다. 이 책의 1장에서 더 자세히 살펴보겠지만, 로마서에서 구원은 단지 개인적인 차원, 심지어 공동체 (그것이 교회든 민족이든, 혹 다른 어떤 그룹이든지 간에) 차원에서만 언급되지 않습니다. 로마서에서 구원은, 피조 세계 전체가 바울이 죄(Sin)와 죽음(Death)으로 부르는 권세들(powers) 아래 사로잡힌 상태로부터 해방되는 것과도 관련이 있습니다. 2장은 이스라엘에 대한 바울의 설명이 가진 난제를 다룹니다. 특히 로마서 9-11장에서 바울은 이스라엘이 예수를 그들의 메시아로서 믿는지 혹은 믿지 않는지에 관해서보다, 오히려 하나님께서 일방적으로 (이방인과 함께) 이스라엘을 창조하시고 구속하시고 보존하시는 행위에 더 관심이 있다는 것을 살펴보게 될 것입니다. 3장에서 우리는 그리스도인의 행동("윤리" 혹은 "도덕")에 대한 문제를 다룰 것입니다. 그 가운데서 우리는 결국 로마서에서 윤리란 모든 피조물이 그 창조주에게 마땅히 드려야 할 예배와 깊은 연관이 있음을 깨닫게 될 것입니다. 이는 마치 예배가 인간의 모든 행동 가운데 여실히 그 모습을 드러내는 것(혹은 드러내지 않는 것)과 같습니다. 4장은 우리가 흔히 교회라 부르는 신자들의 공동체를 다룹니다. 우리는 로마서에서 바울이 신자들을 하나님의 아들과 딸이라는 높은 지위로 승격시키는 것을 보게 됩니다. 동시에 그러한 이들로 구성된 공동체가 또한 심각하게 파괴적인 행동을 할 수 있다는 것도 보게 됩니다. 따라서 각 장에서 "로마서" 안에 머문다는 것은 결국, 마음이 어려워질 만큼 정직하게, 혹독하게 자기 자신과 세계 전체를 살펴보는 일입니다. 또한 그와 동시에 모든 피조물을 구원하시기 위해 예수 그리스도 안에서 일하시는 하나님의 행위를 보게 되는 일입니다. 로마서의 우주적인 지평은 인간의 투쟁으로부터 멀리 떨어진 낯선 플라톤의 영역에 존재하는 것이 아닙니다. 하나님의 우주적인 지평은 현재와 미래 모두에서 인류를 재창조하고 능력을 부여하며 그들을 붙듭니다.

로마서는 편지입니다

무엇보다 "로마서 안에" 머무는 일은 곧 우리가 그다지 아는 바가 없는 2천여 년 전 사도 바울이, (심지어 바울보다) 더 알려진 바가 없는 로마의 그리스도인 무리에게 쓴 편지 속에 머무는 일입니다.[4] 로마서를 읽는 많은 독자들이 겪는 어려움 중 하나는 그 편지가 우리가 아는 편지들이랑은 닮은 구석이 거의 없다는 점입니다.[5] 이러한 이유로 로마서(혹은 신약성경 속 다른 편지들)를 특정한 상황에 놓인 특정한 사람들에게 전달된 특정한 말로 대하기보다는, 마치 이론을 다

---

4 바울은 결코 "그리스도인"이라는 용어를 사용하지 않았기 때문에, 그리스도인이라는 용어가 다소 오해를 불러일으킬 수 있다는 것을 알고 있습니다. 특히 그 말이 바울이나 다른 유대인 신자들이 더 이상 유대인이기를 그만두었다는 의미로 받아들여진다면 더더욱 그렇습니다. 저는 그저 흔히 사용되는 대체 용어들(이를테면, "그리스도 따름이"[Christ-followers] 혹은 "예수 따름이"[Jesus-followers])가 다소 어색하게 느껴져서, 주의가 필요하긴 하지만 전통적인 호칭을 사용하려는 것입니다.

5 우리가 편지를 기억해낸다 혹은 상상한다고 말하는 것이 더 나을 수도 있습니다. 그렇게 되면 우리가 보통의 경험으로 아는 것과, (당시의) 실제 편지가 구분될 수 있으니까요. 바울의 세계 속 편지 쓰기에 대한 입문서로는 다음의 자료를 참조하시기 바랍니다. H. J. Klauck, *Ancient Letters and the New Testament* (Waco: Baylor University Press, 2006).

루는 에세이나 논문처럼 대하기 쉽습니다.[6] 하지만 로마서는 분명히 편지이기 때문에, 우리는 편지의 정황을 파악해야 할 필요가 있습니다.

우리가 사도 바울에 대해 아는 대부분의 내용은 그가 쓴 편지를 통해서 아는 것입니다.[7] 우리가 당연하게 여기는 개인적인 사안들을 바울의 경우엔 거의 밝히지 않기 때문에, 그의 생애에 관한 정보를 찾는 일은 분명 어려운 작업입니다. 게다가 바울의 전기를 재구성하는 일은 이 책이 하고자 하는 일이 아니기도 합니다.[8] 바울이 로마서 1:8-15과 15:22-24에서 밝히듯이, 우리는 그가 로마에 가본 적이 없다는 사실을 알고 있습니다. 이러한 사실은 여러 가지 측면

---

6   심지어 이러한 구별조차 오해를 낳을 수 있습니다. 에세이나 논문들 역시 저자 그리고 예상 독자들의 정황을 반영하기 때문입니다.

7   사도행전 또한 바울의 삶과 형편에 관해 상당한 정보를 담고 있긴 하지만, 그것은 바울이 죽고서 수십 년이 지난 후에 기록된 것입니다. 누가의 이야기가 역사적으로 얼마나 정확한 지를 판단하는 일은 상당히 까다로운 일입니다. 저의 경우 사도행전에 대해 바울 편지들의 파편들이 삽입된 전기적인 구조물로 이해하기보다는, 이차적인 방식으로, 즉 사도행전을 통해 바울의 편지들을 확인하는 용도로 사용합니다. 이 문제에 대한 고전적인 진술로는 John Knox의 연구가 있습니다. John Knox, *Chapters in a Life of Paul* (New York: Abingdon, 1950), 13-43.

8   바울의 전기에 관한 질문들을 간략하게 다루는 입문서로는 다음의 책을 참조하세요. David G. Horrell, *An Introduction to the Study of Paul*, Approaches to Biblical Studies (London: T&T Clark, 2000). 더 자세한 논의를 보려면 다음의 책을 참조하세요. Calvin J. Roetzel, *Paul: The Man and the Myth* (Columbia: University of South Carolina Press, 1998).

에서 편지에 영향을 미친 것으로 보입니다. 단적인 예로, 바울은 로마에 있는 그리스도인들과 함께 복음을 나눈 경험이 없었기 때문에 그런 경험을 발판 삼아 이야기할 수도 없었고, 또 그들과의 관계에 호소할 수도 없었습니다. 그가 데살로니가전서에서 열정적으로 데살로니가인들에게 호소한 것처럼은 할 수 없었죠. 또한 바울은 갈라디아서와 고린도서에서 했던 것처럼, 복음을 처음으로 전한 자로서 갖는 권위에도 호소할 수 없었습니다. 따라서 바울은 아주 신중하게 발걸음을 떼야 했습니다.

로마서 1:7에서 바울이 편지를 받는 수신자들을 향해 "성도로 부르심을 받은" 자들이라고 말한 것과, 그 사람들이 로마에 산다는 것 외에 우리가 그들에 대해 알 수 있는 것은 무엇일까요? 편지의 본론에는 수신자에 대한 단서가 거의 남아있지 않습니다. 그나마 남아 있는 단서들조차도 모호할 때가 많고요. 이를테면, 로마서의 수신자들이 이방인이었는지 아니면 이방인 사이에서 함께 살았던 사람들이었는지는 불분명합니다. 로마서 2:17에서 바울이 "당신이 스스로를 유대인이라고 부른다면"이라고 말할 때, 바울은 정말로 유대계 그리스도인들(Jewish Christians)을 향해 말하고 있는 것일까요? 어쩌면 회당과 긴밀하게 결부된 이방인들을 향해 말하는 것일 수도 있지 않을까요? 이와 같은 모호함은 7:1에서도 나타납니다. 그곳에서 바울은 "법 아는" 자들에게 말한다고 밝힙니다. 이 사람들은 유대인을 가리키는 것일까요? 아니면 (행 15:21가 말하듯이) 모세 율법에 대해서, 심지어 로마법에 대해서 알고 있었던 이방인을 가리키는 것일까요? 로마서 11:13은 바울이 직접 이방인들에게 말하고 있다는 것을 보여줍니다. 하지만 그러한 언급조차 로마 신자들 중 과연 얼마나 많은 이들이 이방인이었고 또 얼마나 많은 이들이 유대인이었는지를 결정하는 데는 그다지 도움이 되지 않습니다. 우리는 로마서에서 특정한 이름들을 보곤 하는데 그러한 곳 중 하나가 바로 편지 말미(롬 16:3-16)에 나오는 장문의 인사 단락입니다. 하지만 이 단락 또한 바울(편지)의 수신자에 대해 많은 의문을 불러일으킵니다.[9]

---

9   바울의 다른 편지들에서도 끝맺는 인사말이 나오긴 하지만(고전 16:19-20; 고후 13:12; 빌 4:21-22; 살전 5:26; 몬 1:23-24), 로마서의 경우 바울의 편지들 가운데 월등히 긴 분량의 인사말이 나타납니다. 바울이 아직 로마에 가본 적이 없는데도 불구하고, 어떻게 그렇게 많은 사람들의 이름을 알고 안부를 전할 수 있었는지를 파악하는 일은 어렵습니다. 그들과의 관계를 돈독하게 하기 위해 자신이—심지어 간접적으로도—아는 모든 사람들에게 인사를 했을 수도 있습니다(Peter Lampe, *From Paul to Valentinus: Christians at Rome in the First Two Centuries*, trans. Michael Steinhauser, ed. Marshall D. Johnson [Minneapolis: Fortress, 2003], 157). 우리라면 아마 그런 모습을 두고 인맥(인적 네트워크)을 형성한다고 말할 것입니다. 하지만 바울이 로마에 가본 적도 없있고, 가장 초기에 필사된 사본들(필사본) 가운네 몇 가지 중요한 차이가 나타나기도 하며, 또 어떤 사본에는 인사말 부분이 빠져 있기 때문에, T. W. Manson의 경우 이 부분이 본래 편지에는 없었다고 주장하기도 했습니다. Manson은 로마의 그리스도인들에게 보냈던 본래의 편지에는 이 인사말 명단이 없었고, 이후에 바울이 동일한 편지를 에베소인들에게 보냈을 때, 그곳에 인사말이 담겨있었다는 이론을 펼쳤습니다("St. Paul's Letter to the Romans—and Others," in *The Romans Debate,* ed. Karl P.

로마서 16장의 인사말

로마서 16장은 바울의 청중들에 관해서 유용한 정보를 제공합니다. 하지만 저는 로마서를 읽는 많은 사람들이 마지막 16장을 그저 건너뛰고 있진 않은지 의심이 들기도 합니다. 개정공동성구집 (Revised Common Lectionary) 역시 16:25-27의 마지막 축복 기도를 제외하고는 대부분 지나치고 있습니다. 물론 그러한 결정을 내린 편집자들을 우리가 나무랄 수도 없는 형편입니다. 우리 또한 로마서 16장에 있는 명단을 보고 낯설음을 느껴 그저 농담이나 던질지도 모르니까요. 드루배나(Tryphena)와 드루보사(Tryphosa)가 21세기 미국에서 인기 있는 아기 이름의 후보로 올라갈 것 같지도 않고요. 물론 저는 유니아라는 이름을 가진 젊은 여성들이 늘어나기를 바랍니다. 하지만 우리 대부분은 그저 편지의 끝에 다다랐다는 안도의 한숨만을 내쉴 것입니다. 이 현상은 마치 구약성경에서 족보를 마주칠 때와 같습니다. 보통 우리는 "족보"를 건너뛰고 그다음 부분으로 넘어가니까요.

상황이 이렇기에 지난 수십 년 동안 학자들이 로마서 16장의 인사말에 지대한 관심을 보여왔다는 사실을 알게 되면 놀랄 사람

Donfried, rev. ed. [Grand Rapids: Baker Academic, 2011], 3-15). 대부분의 학자들은 그러한 이론의 증거가 너무나도 빈약하기 때문에 받아들이지 않습니다. 그보다는 후대 편집자 혹은 필사자들이 이 편지가 보다 많은 청중들을 향할 수 있도록 인사말 부분을 뺐을 가능성이 훨씬 더 높습니다.

들도 있을 것입니다. 정확히 말하자면, 로마서의 본문이 그 청중들에 대해서 알려주는 바가 거의 없기 때문에, 학자들은 인사말 부분에 집중해왔습니다. 인사말에 나오는 이름들로부터 어떠한 정보를 얻을 수 있지 않을까 하는 노력이었지요. 그 결과 그 이름들이 상당히 많은 내용을 드러낸다는 사실을 알게 되었습니다. 저 역시 저의 대가족 식구들 몇몇이 묻혀 있는 작은 시골 묘지에 갈 때면, 여러 세대 동안 그 지역 주민들 가운데서 살았던 스코틀랜드인과 아일랜드인들(의 성[last name])을 상당수 발견하곤 했습니다. 그곳에 조(Cho)나 게르트메니안(Gertmenian), 그리고 올슨(Olson)과 곤잘레스(Gonzalez)도 있었는지는 기억이 잘 안 나지만요.

16장의 인사말 부분은 바울 편지의 청중들에 관해서 몇 가지 중요한 점을 밝혀줍니다. 첫째, 우리는 그 청중들을 "로마교회"라는 단일 그룹으로 생각할 것이 아니라, 몇몇 작은 그룹들로 생각해야 합니다. 로마서 16:5은 브리스가와 아굴라 집에 있있던 모임(그리스어로 에클레시아[*ekklēsia*]이며, 우리는 이 단어를 "회중"[congregation], 혹은 "교회"[church]로 번역합니다)에 대해 언급합니다.[10] 이어서 바울은 몇몇 사람들의 이름을 부르며 인사하고, "그들과 함께 있는 형제 자매들" 혹

---

10 그리스도인들의 만남의 장소에 관한 논의는 다음의 책을 참조하세요. Edward Adams, *The Earliest Christian Meeting Places: Almost Exclusively Houses?* (London: T&T Clark/ Bloomsbury, 2013); David Balch and Annette Weissenrieder, eds., *Contested Spaces: Houses and Temples in Roman Antiquity and the New Testament* (Tübingen: Mohr Siebeck, 2012).

은 "그들과 함께 있는 모든 성도"를 언급하는데요(16:14-15). 이는 (이름이 언급된) 이들과 만난 신자들을 가리키는 표현일 수 있습니다.

둘째, 바울이 인사하는 몇몇 사람들은 허메(Hermes), 네레오(Nereus), 버시(Persis)와 같이, 일반적으로 노예에게 사용되었던 이름을 가지고 있습니다. 놀랍게도 유대인의 혈통을 드러내는 이름들은 상대적으로 거의 없는 편입니다. 대다수는 로마 동부 지역에서 온 이민자들의 이름입니다.[11]

셋째, 16장 인사말 명단에 여성의 이름이 높은 비율로 나타나고 또한 바울이 그녀들을 언급해야 했다는 사실이, 그가 여성의 복종을 지지하고 여성의 목소리를 억압한다고 배워왔던 독자들에게는 다소 놀랍게 다가올 수도 있겠습니다. 바울은 브리스가(Prisca), 마리아(Mary), 드루배나(Tryphaena), 드루보사(Tryphosa), 버시(Persis)가 자신과 함께 "일했다"고 말하는데요(브리스가는 3절, 마리아는 6절, 드루배나, 드루보사, 버시는 12절에 나옵니다). 바울이 사용한 ("일한다"라는) 이 평범한 동사가 영어에서는 별다른 내용을 전달하지 못하지만, 사실 이 단어는 그가 사도로서 하는 일(수고)에 관해 말할 때 사용했던 단어입니다(고전 3:9, 4:12, 15:10; 갈 4:11, 살전 5:12). 더욱이 사도행전 18:18, 26 그리고 디모데후서 4:19에서처럼, 바울이 로마서에서 브리스가와 아굴라 부부를 언급할 때는, 분명 여성의 이름이 먼저 나오고 있습니다.[12] 이것은

---

11   Peter Lampe의 꼼꼼한 연구물을 참조하세요. Peter Lampe, *From Paul to Valentinus*, esp. 74-76, 164-83

12   사도행전 18:2, 고린도전서 16:19에서는 아굴라의 이름이 먼저 나옵니다.

여성을 향한 기사도 정신 같은 것이 아닙니다. 고대 세계에서는 보통 남편의 이름이 더 먼저 언급되었기 때문입니다(롬 16:7; 행 5:1). 바울이 이 순서를 뒤바꿨다는 사실은 곧 그리스도인 공동체 안에서 브리스가가 훨씬 더 중요한 인물이었음을 보여주는 것입니다.

로마서 16:7에는 또 다른 부부가 나오는데요. 바로 안드로니고 (Andronicus)와 유니아(Junia)입니다. 바울은 그들을 "친척"이라고 부르는데, 이것은 곧 그들이 유대인이었다는 점을 암시합니다. 그런데 바울은 또한 그들을 가리켜 "함께 갇혔던 자들" 그리고 "사도들 중에서 존중을 받는 자들"이라고 말합니다. 사실 20세기에 이루어진 주해와 번역들 대다수는 여성을 가리켜 "사도"라 부르는 이 구절을 모호하게 만들어 버렸습니다. 결국 여성 "유니아" 대신에 남성 "유니아스"(Junias)를 찾으려고 할 정도였지요.[13] 그러나 처음 천 년의 교회 역사 속에서, 해석자들은 시종일관 유니아를 사도로 여겼습니다. 이와 함께 중요한 또 한 가지는, 고대에 유니아스라는 남성 이름이 사용된 증거가 없다는 점입니다. 이는 바울이 실제로 여성을 사도들 중에 포함시켰다는 점을 나타낼 가능성이 아주 높다는 것을 의미합니다.[14]

---

13 두 그리스어 이름은 로마서 16:7에서처럼 대격(목적격)에서의 악센트 표시로만 구별이 가능합니다. 참고로 고대 텍스트에서는 악센트가 거의 나타나지 않습니다.

14 사도행전은 오직 열두 명의 사도만 있다고 가정하지만(바울도 제외됩니다), 바울은 그 수가 고정되어 있다고 생각하지 않는 것 같습니다(물론 고

바울과 로마 사이의 인물, 뵈뵈

편지를 쓴 바울과 편지의 수신자인 로마인들 외에도, 로마에 편지를 전달한 뵈뵈라는 인물이 있습니다. 뵈뵈의 역할은 대부분의 독자들이 생각하는 것보다 훨씬 더 크고 중요합니다. 바울은 실제 로마에 있는 사람들에게 인사하기에 앞서, 간략하게 그녀에 대해 소개합니다.

> 저는 겐그레아 회중(교회)의 집사(deacon)요, 우리의 자매인 뵈뵈를 여러분에게 추천합니다. 여러분은 합당한 성도의 모습으로 그녀를 환대하고, 그녀가 여러분에게 어떤 도움을 구하든지 도움을 주시기 바랍니다. 그녀는 많은 사람들의 후원자(benefactor)가 되어주었고, 저 또한 그중에 있습니다. (롬 16:1-2)

이와 같은 단 몇 줄이 그다지 대단해 보이지도 않고, 그저 교회에서 정중하게 인사하는 정도로 느껴질지도 모르겠습니다. 하지만 여기서 바울은 뵈뵈에 대하여 상당히 많은 내용을 드러내고 있습니다. 일단 뵈뵈는 "우리의 자매"입니다. 즉, 그녀는 예수 그리스도를 따르는 사람입니다. 또한 그녀는 고린도의 항구 도시, 겐그레아

전 15:5도 참조하세요). 유니아에 관한 증거를 두고 이루어진 세밀한 논의를 보고 싶다면 다음의 책을 참조하세요. Eldon Epp, *Junia: The First Woman Apostle* (Minneapolis: Fortress, 2005).

에 있는 회중(모임)에 속해 있었습니다. 이러한 사실은 뵈뵈와 바울, 두 사람의 위치를 고린도 인근으로 보게 만들며, 아마도 바울은 그곳에서 편지를 썼을 것입니다.[15]

바울은 뵈뵈를 가리키며 두 가지 중요한 용어를 사용하는데, 그것은 바로 (그리스어) **디아코노스**(*diakonos* [deacon])와 **프로스타티스**(*prostatis* [benefactor])입니다. 제가 새로운 성경 번역 혹은 새로 나온 로마서 주석을 살펴볼 때마다, 가장 먼저 확인하는 구절 중 하나가 바로 이 구절입니다. 왜냐하면 그리스어 단어, **디아코노스**는 "집사"(deacon)부터 시작해서 "일꾼"(minister), "종"(servant), 그리고 "여집사"(deaconess)에 이르기까지, 다양한 영어 단어들로 번역되어 왔기 때문입니다. 물론 1세기에 다양하게 등장했던 소규모의 회중들 사이에서, **디아코노스**라는 단어는 일정 기간 훈련을 거친 후 교회 안에서 특정한 역할을 맡았던 사람을 가리키는 말은 아니었습니다. 하지만 바울에게 있어서 이 용어가 중요한 의미를 담고 있다는 점만은 확실해 보입니다. 바울은 이 용어를 예수 그리스도에게(롬 15:8), 그리고 자기 자신에게(고전 3:5; 고후 3:6) 적용하고 있기 때문입니다. 바울이 뵈

---

15 뵈뵈가 겐그레아에서 왔다는 사실은 그녀가 이방인이었음을 암시하는 것일 수도 있습니다. 고린도의 회중은, 완전히까지는 아니어도 대체로 이방인 신자들로 이루어졌던 것처럼 보이기 때문입니다. 당시 겐그레아에 유대인이 거주했다는 증거는 발견되고 있지 않습니다(즉, 어떤 회당도, 유대인의 유물도 나타나지 않았습니다). Robert Jewett, *Romans: A Commentary*, Hermeneia (Minneapolis: Fortress, 2007), 945.

뵈를 집사라고 말할 때, 그 말이 그저 부엌 일을 잘 돕는다는 뜻은 아니었을 것입니다(Living Bible의 번역과 같이, 그저 "친애하는 그리스도인 여성" 정도도 아니었을 것이고요). 분명 그 용어에는 상당한 수준의 리더십이 함축되어 있습니다.

이러한 직감이 옳다는 것은 두 번째 단어, **프로스타티스**를 통해 더욱 분명히 드러납니다. 이 용어 역시 (조력자[assistant], 돕는 자[helper], 종[servant]과 같이) 다양한 단어들로 번역되어 왔습니다. 가장 적절한 번역어로는 "후견인"(patron)", 혹은 그보다 더 나은 번역어로 "후원자"(benefactor)가 있습니다. 로마 세계에서 후원자(후견인) 제도가 중요했다는 것을 보여주는 증거들은 상당히 많이 있습니다. 먹이 사슬 구조에서 더 상위를 점하는 각 개인들은 명예와 충성을 받는 대가로 더 하위 단계에 있는 이들에게 선물을 제공했습니다. 또한 후원자들 중에는 여성들도 있었으며, 여성이 개인을 상대로(즉, 다른 여성에게 선물을 주거나, 돈을 빌려주거나, 호의를 베풀기도 했고), 혹은 어떤 그룹이나 도시를 상대로 후원을 하기도 했습니다(도시 전역의 아이들에게 음식을 나눠주기도 했습니다).[16] 흔히 로마의 세계 안에서 여성들은 공적인 활동에서 배제되었을 것이라 생각하지만, 법과 관행이 언제나 일치한 것은 아니었습니다. (너무 신랄해서 매력이 좀 떨어지긴 하지만 그럼에도 1세기 스티븐 콜베어[Stephen Colbert]라 부를 만한) 풍자 작가 유베날리스(Juvenal)는 사회

---

16   Carolyn Osiek and Margaret Y. MacDonald, *A Woman's Place: House Churches in Earliest Christianity* (Minneapolis: Fortress, 2006), 194-219.

발전을 위한 가장 최선의 방법으로, '부유하고 나이 많은 여성들의 호의'를 꼽은 바 있습니다(풍자시[Sat]. 1.39). 유베날리스는 또한 여성들이 저녁 식사 모임을 주최할 뿐만 아니라, 대담하게도 문학, 철학, 정치에 대한 말을 꺼낸다고 불평한 바 있습니다. 유베날리스라면 뵈뵈에 대해 분명 탐탁지 않게 생각했을 것입니다. **프로스타티스** 즉, 후원자 뵈뵈는 실제적인 방식으로 기독교 선교에 이바지했을 것입니다. 요컨대 만일 1세기 교회들이 건물을 갖고 있었고 그 건물 벽에 명판이 있었다면, 아마도 뵈뵈의 이름은 명판의 꼭대기에 올랐을 것입니다(이것을 감안하면, NLT성경이 "후원자"라는 표현을 "그녀가 도움을 주었다"로 바꾼 것은, 바울이 뵈뵈에 대해 생각하고 그녀의 중요성을 인식했던 수준을 상당히 축소시킨 것이라 할 수 있습니다).

바울은 계속해서 뵈뵈가 "**많은 사람들과 자신의 후원자가 되었다**"고 말합니다. 여기저기서 확인할 수 있듯이, 바울이 가진 직업은 그의 선교 사역에 필요한 부분을 채우기엔 역부족이었습니다. 뵈뵈의 후원들 중에 집에서 그리스도인 모임을 주최하는 것도 포함될 수 있지만, 그 말이 곧 뵈뵈가 초기 기독교의 마사 스튜어트(Martha Stewart, 가정과 살림에 대한 출판, 사업 등으로 성공한 미국의 여성 기업인이며, 전 세계 주부들의 살림 롤모델로 꼽힙니다 -역주)와 같았다는 말은 아닙니다. 즉, 매주 각자 음식을 가져오는 저녁 식사 자리를 위해서, 유명 브랜드의 부엌을 내어준 온화한 여주인 정도가 아니었다는 것입니다. 당시에 집이라는 것은 현대 서구 세계에서 일반적으로 상상하는 것보다 훨씬 더 공적인 장소였습니다. 집 주인은 사무실 전용의 다른 어떤 장소가 아니라, 바로 자신의 집에서 사업 동료 혹은 손님들을 상대했습니다. 따라서 여성이 집에서 가르쳤고, 집으로 그룹들을 불러모았다는 말은 애초에 따로 분리되었다는 의미가 아닙니다. 그러한 일들은 으레 집에서 이루어졌기 때문입니다. 집이 아니라면 어디서 했겠어요?

결국 뵈뵈는 상당한 재산가였을 가능성이 높습니다. 저는 뵈뵈가 "집사"와 "후원자"로 불렸다는 점에서 뿐만 아니라, 또한 로마로 여행을 갈 수 있는 능력을 갖추었다는 점에서도 그녀가 상당한 재산가였다는 것을 추론하고 있습니다. 뵈뵈가 자신만의 자금을 가지고 있었다는 점은 분명합니다. 만일 그녀가 결혼해서 남편의 돈을 사용한 것이었다면, 바울은 아마 그 남편을 언급했을 것입니다(그것이 관례였을 테니까요). 적어도 가장 초기의 그리스도인들 중 **일부**는 선교에 자신들의 명성과 자원을 쏟아낼 수 있는 지위와 재산을 가진 사람들이었습니다.

뵈뵈에 대한 소개는 이처럼 상당한 이목을 끕니다. 그렇다면 왜 이러한 소개가 나타나는 것일까요? 그 이유는 아마도 그녀가 편지의 전달자이기 때문일 것입니다. 실제로 많은 해석자들이 이에 동의합니다. 당시 존재했던 우편 서비스 중 신뢰할 만한 방식은 모두 공식적인 정부 업무에만 사용되었습니다. 그리고 편지를 썼던 부유한 개개인들은 노예를 활용했습니다. 하지만 그 밖의 사람들은 일반적으로 편지의 목적지로 여행하는 친구나 지인을 찾으려고 애를 썼습니다.[17] 바울이 뵈뵈를 추천한 이유는 곧 그녀가 편지를 전달하는 사람이었기 때문입니다.

잠시 이에 대해 음미할 가치가 있습니다. 바울은 로마에 모인 신자들에게 뵈뵈를 소개하려고 이 부분을 기록하고 있습니다. 편지를 가지고 로마에 간 사람이 바로 뵈뵈였습니다. 바울이 쓴 정경(편지들) 가운데 수위를 차지하는 이 편지를 두고, 그간 한없이 많은 잉크가 사용되었고, 수없이 많은 신학적 논쟁이 벌어졌습니다(지금도 여전히 벌어지고 있습니다). 또한 이 위험천만한 암초 위에서, 학자로서의 (해석)경력이 세워지기도 하고 또 사라지기도 했습니다. 이처럼 중요한 편지를 전달한 것이 바로 여성이었던 것입니다. 여기서 우리는 일종의 아이러니를 발견합니다. 이 아이러니는 그간 바울을 해석해 온 역사가 (우리가 아는 한) 압도적이라 할 만큼 남성들만의 시도로 채워져 왔음을 떠올려 볼 때 더 선명하게 느껴집니다.

이 지점을 조금 더 자세히 살펴보려고 합니다. 만일 뵈뵈가 로마서 편지의 전달자였고, 대다수 학자들이 그 말에 동의한다면, 그녀가 사전에 편지의 내용을 논의하는 일에 참여했을 것이라는 점은 거의 확실합니다. 바울이 그저 겐그레아에서 우연히 알게 된 사람 혹은 급하게 출장 차 로마로 가게 된 사람을 찾아서 대신 편지를 전달해 달라고 요청했을 리는 없습니다. 이는 바울이 뵈뵈에 관

---

17   Klauck, *Ancient Letters*, 60–66.

해 말한 내용을 보면 더욱 분명해집니다. 바울이 이 편지를 얼마나 중요시했는지를 생각해 보세요. 그가 편지를 통해 이루고자 하는 바를 명확히 알지도 못하는 사람에게 편지를 맡겼을 가능성이 과연 얼마나 될까요? 뵈뵈가 편지의 내용을 이해하고 그것을 대변할 수 있다는 확신도 없이, 바울이 그녀에게 편지를 맡기지는 않았을 것입니다.

심지어 뵈뵈가 편지의 내용(작성)에도 관여했을 수 있습니다. 이것이 이상한 생각처럼 보일지도 모르겠습니다. 우리는 로마서 편지의 저자에 대해 생각할 때, 그 서술을 바울의 단독 행위로만 보는 경향이 있으니까요. 하지만 이것은 문제가 있습니다. 우리는 바울에 대해 이야기할 때, 마치 우리처럼 책상에 앉아 자신이 표현하고 싶은 구체적인 생각들을 써내려가는 고립된 한 개인을 떠올리곤 합니다. 이와 같은 비유는 벌써 "론 레인저"(Lone Ranger, 미국 서부 시대에 가면을 쓰고 혼자서 악당에게 복수하며 약자를 도왔던 총잡이 캐릭터로서 다양한 드라마와 만화가 나왔습니다 -역주) 개념이 가진 문제를 암시하고 있습니다. 우리 중 그 누구도 혼자서 글을 쓰지 않습니다. 새벽 3시에 미친듯이 글을 쓸 때조차, 혹 거리에서 불빛이 켜진 유일한 창문이 자신의 집뿐이라고 해도, 사실은 다른 사람들과 함께 글을 쓰고 있는 것입니다. 그 다른 사람들 안에는 보고서를 읽어 줄 동료들이 포함될 수도 있고, 우리가 (좋은 점수와) 호의를 구하는 교수님이 포함될 수도 있습니다. 또 어쩌면 함께 커피를 마시며 수다를 떨기도 하는 같은 교회

(교구) 사람일 수도 있겠죠. 어찌 되었든 그 누구도 홀로 글을 쓰진 않습니다.

특히 바울이 살던 세계에서 글을 쓰는 일은 결코 혼자 하는 작업이 아니었습니다. 당시 저자들이 도서관 내 개인 열람실이나 스타벅스 구석 자리를 찾아다녔을리도 없고요. 바울은 고린도에 있을 때 가이오 집의 손님으로 있었습니다(롬 16:23). 집은 물론 "사적인" 영역이었지만, 또 한편 그곳에서 사람들이 분주하게 왕래하고 활동했다는 사실은 오늘날 대다수 서구인들이 상상하는 것보다 집이라는 것이 당시 훨씬 더 공적이었음을 보여줍니다. 그렇게 분주한 상황에서 바울은 더디오에게 자신의 편지를 받아쓰게 한 것입니다(롬 16:22).

심지어 바울이 어떻게든지 다른 사람이 없는 곳에서 편지를 "쓰거나" 혹 받아쓰게 했다고 하더라도, 로마서 편지의 일부 혹은 전체를 가이오 집안 사람들과 손님들에게 소리 내어 읽어주었을 가능성이 상당히 높습니다. 그리고 그들의 반응은 편지의 형태를 잡아주었을 것이며, 바로 그 결과물이 로마로 전달되었을 것입니다. 이 정도는 우리가 꽤 확신을 가지고 말할 수 있습니다. 고대 세계에서 가르치고 쓰는 방식에 대해 우리가 파악한 정보로 따져보면 말이지요. 특히나 뵈뵈는 편지의 전달자로서, 초안을 보고 피드백을 해주며 편지의 최종 방향을 잡아줬을 가능성이 있습니다. 이러한 생각이 더 깊은 고찰을 요구하는 것은 사실이지만, 적어도 뵈뵈가 로마로 출발하기 전에 바울이 그녀와 편지를 두고 이런저런 논의를 했을 가능성은 높습니다.

또 한 가지 중요한 점은 로마에서 바울의 편지를 읽게 될 사람 역시 뵈뵈라는 점입니다. 무엇보다 바울이 추천한 사람이 뵈뵈입니다. 아마도 다른 사람들도 뵈뵈와 함께 로마에 갔겠지만, 바울이 로마의 신자들에게 추천한 사람은 다름 아닌 뵈뵈였습니다. 그렇다면 분명 바울의 논지를 가장 잘 드러낼 수 있었던 사람도 바로 뵈뵈였을 것입니다.[18]

더 나아가 뵈뵈가 바울의 편지를 읽었다면, 그 말은 곧 그녀가 편지의 첫 해석자였다는 말이 됩니다. 이는 얼핏 확대 해석처럼 보이기도 하지만, 사실 상당히 확실한 이야기입니다. 읽는다는 것은 곧 해석한다는 것입니다. 우리는 이미 매일의 뉴스를 통해서 그것을 경험하고 있습니다. 그날의 주요 소식들이 케이블 뉴스채널(MSNBC)과 공영방송(PBS), 그리고 폭스 뉴스(Fox News)에서 각기 다르게 전해지니까요. 또한 우리는 모두 매번 드려지는 공적 예배 가운데서도 읽기의 힘을 경험하고 있습니다. 성경의 말씀은 그것을 어

---

18 이 점은 논쟁의 여지가 있습니다. 어떤 이들은 뵈뵈가 편지를 읽을 능력이 없었을 것이라 생각하기 때문입니다. 확실히 당시에 문맹률은 높았고 특히 여성의 문맹률은 남성보다 훨씬 더 높았습니다. 그럼에도 일부 여성은 분명 읽는 것이 가능했습니다. 뵈뵈와 같이 자산이 있었던 여성들 중에, 읽는 것이 가능했던 여성이 분명히 존재했습니다. William Harris, *Ancient Literacy* (Cambridge, MA: Harvard University Press, 1989), especially 48, 67, 96, 103, 108, 140, 173, 252-63, 271, 328.

떻게 읽느냐에 따라 우리를 책망하기도 하고, 위로해 주기도 하며, 또한 때로는 우리에게서 튕겨 나가기도 하지요.

뵈뵈가 편지를 읽는 방식을 통해서, 그 편지가 어떻게 들릴지를 결정했다는 것은 사실상 명백합니다. 어떤 구절은 서둘러 읽고, 또 어떤 구절은 더디게 읽었을 것입니다. 어떤 구절에서는 그 말이 이해될 때까지 잠시 쉬었을 것이고, 또 이런저런 지점에서 읽기를 멈추고 설명을 덧붙였을 것입니다. 즉, 뵈뵈는 편지의 해석자 역할을 한 것입니다. 뵈뵈는 심지어 바울이 원하는 전달 방식을 두고 그와 서로 의견을 나누었을 수도 있습니다. 물론 (편지를 읽을) 때가 되어 (사람들이 그 내용에 대해) 질문을 던질 때는 그녀 혼자였습니다.

뵈뵈가 직접 편지를 읽지 않았다고 하더라도, 로마의 회중들 가운데 편지가 회람되는 것을 살펴볼 책임은 그녀에게 있었을 것입니다. 로마의 회중들이 편지의 내용을 듣고 난 후에 뵈뵈는 해설을 덧붙이거나 사람들과 대화를 나누었을 것이며, 그러한 그녀의 역할이 편지(의 내용)가 받아들여지는 데 있어 일정한 기능을 했을 것입니다.

바울, 그가 로마서를 쓴 목적들

바울이 로마에 보낸 편지를 작성하고 전달하며 낭독하는 일과 관련된 사람들을 연구하는 것은, 편지가 좀 더 실제적이고 낯설지 않게 느껴지는 데 도움이 될 수 있습니다. 하지만 정작 우리는 로마서가 왜 그렇게 기록되었는지에 관한 의문은 다루지 않았습니다. 도대체 바울은 어떤 이유로 이 독특한 편지를 쓰게 되었을까요?

다른 바울의 편지들을 향해 이러한 질문을 던지고 답하는 일은 상대적으로 좀 더 수월합니다. 실제로 데살로니가전서 1-2장에 있는 풍성한 감사 표현 이면에서, 공동체가 복음 안에서 인내하는 일(살전 3:1-10), 특히 공동체의 행동(살전 4:1-12)에 관한 바울의 관심을 쉽게 찾아볼 수 있습니다. 또한 갈라디아서는 처음부터 일부 유대계 그리스도인 사절들의 활동을 잘못된 것으로 여긴다는 점을 분명하게 밝힙니다. 바울은 그들의 활동을 가리켜 "다른 복음"이라고 부릅니다(갈 1:6-9). 물론 그런 것이 정말 존재했는지에 대해서는 의문의 여지가 있지만요. 학자들 모두 이러한 상황들의 구체적인 사항에 대해서는 의견을 달리하지만, 그럼에도 (로마서를 제외한 바울의 다른 편지들의 경우) 그들이 연구할 수 있는 단서들이 준비되어 있습니다.

하지만 로마서의 경우 어떤 바람 혹은 염려로 그러한 편지를 쓰게 되었는지, 어째서 특정한 내용이 담기게 되었는지에 관해 사실상 거의 단서를 제공하지 않습니다. 바울은 로마서 1장의 시작 부분과, 15장의 마지막 부분에서, 일반적인 용어로 그의 사역과 (예루살렘과 스페인 뿐만 아니라) 로마로의 여행 계획에 대해 언급하지만, 정작 편지의 본론 부분은 그에 대해 침묵하고 있어서 우리의 탐정 수사를 어렵게 만듭니다. 이를테면, 바울은 왜 그렇게 길게 인간의 죄에 관해 기록했을까요? 다른 편지들에서는 죄에 대해 그렇게 길게 다루지 않았는데 말이죠. 또 하나님과 이스라엘의 관계에 대해서 그렇게 길게 에둘러 말해야 했던 이유는 무엇이었을까요?(롬 9-11장).

한 가지 가능성은 다른 편지들의 경우 특정한 문제나 관심사를 다루는 반면에, 로마서는 소논문에 가까우며 어쩌면 바울이 지은 최고의 신학적 걸작(*magnum opus*)일 수 있다는 것입니다. 이전 세대들은 로마서를 정확히 그러한 종류로 생각했고, 바울이 사역했던 배경을 고찰하기 전까지는 그러한 생각이 꽤 합리적인 제안으로 보였습니다. 하지만 바울은 세계의 양상에 관해 사색하고 글을 쓸 만큼 여유 있는 지식인이 아니었습니다. 바울의 다른 편지들에서 얻을 수 있는 정보에 사도행전의 내용을 보충해보면, 그는 지중해 세계 전역에 걸친 각 도시에 복음을 전하는 일에 계속해서 매진했던 인물이라고 할 수 있습니다. 바울은 스스로 먹고 살기 위한 일도 했는데, 그 덕분에 무언가를 판다는 혐의에서 벗어나 사람들과 복음에 관한 이야기를 나눌 수 있었습니다. 이러한 상황에 비추어 볼 때, 바울에게 자신의 글에 "거대한" 사색을 담기 위해 고민할 수 있는 여유 시간이 있었다고 생각하기는 어려워 보입니다. 대체로 학자들은 로마서 역시 바울의 다른 편지들과 마찬가지로 특정한 관심사를 다루고 있다는 데 동의합니다.

하지만 그러한 동의가 당시 상황 자체에 관한 합의를 의미하는 것은 아닙니다. 실제로 이 문제는 학자들이 아주 광범위하게 논의하고 있어서 문제를 지칭하는 표현이 따로 있을 정도입니다. 소위 "로마서 논쟁"(Romans debate)이라고 하지요.[19] 또한 제시되는 견해들이 워낙에 다양하기 때문에, 여기서 저는 그 논쟁의 특징을 보여주는 몇 가지 가능성만을 제시하고자 합니다.[20] 이 논쟁을 연구하는데 도움이 되는 한 가지 방법은 바로 로마서 15:22-29을 살펴보는 것입니다. 거기서 바울은 "예루살렘으로 가려고 합니다"라고 말하는데, 그는 그 이후 로마로 그리고 스페인으로 갈 계획이었습니다. 이 각각의 장소들은 로마서의 목적에 대한 논의들 가운데서 구심점과 같은 역할을 합니다.

첫 번째는 예루살렘입니다. 바울은 마케도니아(마게도냐)와 아카이아(아가야)에 있는 이방인 교회들이 모은 연보(헌금)를, 예루살렘에 있는 그리스도인들에게 전달하기 위해 이제 막 예루살렘으로 떠나려 하고 있습니다.[21] 이 일을 위해 기도해 달라고 간절히 부탁하는

---

19 Karl P. Donfried는 1977년 이 문제에 대한 논문 모음집을 편집했습니다. *The Romans Debate* (Minneapolis: Augsburg). 이 책에 대한 개정확장판이 1991년에 나왔고(Peabody, MA: Hendrickson), 또 2011년에 재출간되었습니다(Grand Rapids: Baker Academic). 이 책은 여전히 주요 견해를 엿보는 데 도움을 주고 있습니다.

20 Donfried의 책 외에도 최근에 나온 다음의 연구서를 참조하시기 바랍니다. A. Andrew Das, *Solving the Romans Debate* (Minneapolis: Fortress, 2007), 9-52.

21 바울은 갈라디아서 2:10, 고린도전서 16:1-4, 그리고 고린도후서 8-9장에도 이 모금에 대해서 기록했습니다. 보다 상세한 연구는 다음의 책을 참조하세요. David J. Downs, *The Offering of the Gentiles: Paul's Collection for*

바울의 모습은(롬 15:30-32) 그 헌금이 (예루살렘 성도들에게) 받아들여지지 않을 수도 있다는 그의 염려를 보여줍니다. 아마도 그 헌금을 받는다는 것은 곧 바울의 복음 이해, 다시 말해 그리스도는 모든 사람을 위한 분이시며 거기에는 심지어 이방인들도 포함된다는 복음 이해를 인정하는 것과 마찬가지였기 때문일 것입니다. 더욱이 그렇게 이방인들이 포함되어도 그들에게 할례나 토라 준수는 요구되지 않았습니다. 예루살렘에 초점을 두는 학자들이 생각하는 로마서에 따르면, 바울은 로마의 그리스도인들에게 기도를 부탁하는 방식을 통해서, 훗날 그가 예루살렘에서 말하게 될 내용을 예행 연습한 것이 됩니다.

두 번째는 스페인입니다. 바울 스스로가 밝혔듯이, 그는 로마를 거쳐 스페인으로 갈 작정이었습니다. 그 일을 위해서 바울은 지원이 필요했습니다. 일부 학자들은 그런 새로운 계획에 필요한 물질이나 여러 가지 지원을 받기 위한 기초 작업의 일환으로, 바울이 로마서를 기록한 것이라고 생각합니다. 로마서 15:24이 관련된 단서를 보여주는데, 그 구절에서 바울은 로마의 그리스도인들이 자신을 스페인으로 "보내주길" 바란다고 언급합니다. 또한 뵈뵈가 필요로 하는 것은 무엇이든지 지원해달라고 로마의 그리스도인들에게 바울이 요청한 것(롬 16:2)은, 그 자신의 스페인 선교 계획과 연결되

Jerusalem in Its Chronological, Cultural, and Cultic Contexts (Grand Rapids: Eerdmans, 2016).

는 것일 수도 있습니다.

세 번째는 로마입니다. 대부분의 제안들은 바울이 로마에 편지를 쓰게 된 이유에 초점을 맞춥니다. 가장 잘 알려진 논증은 바울이 로마에서 벌어진 유대인 출신 신자와 이방인 출신 신자들 사이의 갈등을 알고 있었다는 것입니다(특히 로마서 14장). 또 다른 논증은 (바울이 생각하기에) 갈라디아 회중들 가운데서 상당히 문제를 일으켰던 유대인 출신 그리스도인 사절들이 로마까지 진출하려고 한다는 것을 바울이 알게 되었다는 것입니다. 그들이 로마에서 또다시 유대인은 유대 율법을 지켜야 한다고 주장할 것을(혹은 이미 주장했다는 것을) 바울이 알게 되었다는 것이죠. 그리고 또 한 가지는 바울이 갈라디아 교회들 가운데 벌어졌던 갈등에 대한 소식이, 자신보다도 더 먼저 로마에 전해질 것을 두려워했다는 것입니다. 그렇게 되면 바울은 유대 전통을 버린 반율법주의자(antinomian)로 비춰질 수 있었죠.

물론 우리에게 (하나가 맞으면 나머지는 반드시 틀리다는 식의) 상호 배타적인 선택지들만 있는 것은 아닙니다. 바울은 분명 스페인 선교에 대한 지원을 바라고 있습니다(물론 이러한 바람이 편지의 내용 구성에 있어서 중요한 요소였는지는 분명하게 밝혀지지 않았습니다). 바울이 예루살렘에 대해 염려하고 그곳에서 자신의 복음 이해가 받아들여질지 걱정한다는 것 또한 확실해 보입니다. 바울이 유대인과 이방인 모두를 환대하는 하나님을 반복적으로 강조하는 것을 보면 더더욱 그렇습니다. 하지만 여기에는 이스라엘을 향해 계속해서 이어지는 하나님의 신실하심에 대한 확언 그리고 이방인에 대한 급진적인 환대보다 더 많은 사안이 관련되었을 수도 있습니다. 바울은 어떤 식으로든 하나님의 신실하심을 약화시키지 않으면서도, 그분의 신실하심과 급진적인 환대를 더 큰 맥락, 즉 창조 질서 전체와 관련된 배경 **안에** 두려고 합니다. 로마서는 그러한 광대함을 드러내는데, 어떤 의미에서 보면 이 편지 자체가 결국 바울 자신이 1:15에서 말한 것과 같이 복음의 선포라고 할 수 있습니다.[22] 바울은 로마의 그리스도인들이 아직 복음을 완전하게 듣지 못했다는 점을 염려했으니까요.

대부분의 로마서 독자들의 경우에는, 이 혼란스런 논의들 가운데 굳이 이런저런 제안만을 받아들이겠다고 선언할 필요가 없습니다. 실제로 우리의 읽기 방식에는 하나 이상의 관점이 작용되고 있기 때문에, 어떤 특정한 견해에만 지나치게 매달리는 것은 잘못된 일일 수도 있고요. 다양한 가능성을 염두에 두는 것은, 로마서가 실제 편지였음을 떠올리는 데 분명 도움이 됩니다. 실제 삶과 맞닿는 부분이 거의 없는, 그저 추상적인 주제들을 두고 쓴 사색적인 글로 대하지 않게 되는 것이죠.

---

22 이것은 또한 15:20에 있는 바울의 서술, 즉 "그리스도의 이름을 이미 부르는 곳"에서는 복음을 전하지 않겠다는 표현을 설명해 줍니다. 아마도 바울은 로마에서는 아직 완전히 그리스도의 "이름을 부르지" 않고 있다고 판단한 것 같습니다. Beverly Roberts Gaventa, "'To Preach the Gospel': Romans 1,15 and the Purposes of Romans," in *The Letter to the Romans,* ed. Udo Schnelle, BETL 226 (Leuven: Peeters, 2009), 179-95.

로마서 "안에" 머무는 일

편지 자체를 살펴보기 전에 로마서를 읽는 일에 관하여 몇 가지 언급하는 것이 도움이 될 것 같습니다. 제 책을 집어 든 사람이라면 증거 본문으로서 대하며 읽기(proof-texting, 자신의 선입견이나 전제에 따라 텍스트를 읽고 문맥과 상관없이 인용하며 자의적으로 해석[eisegesis]하는 읽기 방식을 가리킵니다 -역주)의 위험성을 이미 알고 있을 것입니다. 우리는 어떤 개인의 글 하나가 트위터나 페이스북을 타고 공공의 악몽으로 전이되는 것을 볼 때, 그러한 문제를 자주 경험합니다. (문맥과 상관없이) 글을 왜곡시키는 것은 우리의 공적 담론에서 흔한 방식이 되었고 실제로 공공선을 해치고 있습니다. 그러나 트위터 세상이 오기 훨씬 이전부터, 안타깝게도 성경을 증거 본문으로서 읽는 방식과 관련된 문제들이 확연하게 나타났습니다. 이를테면, "가난한 자들은 항상 너희와 함께 있다"(막 14:7; 마 26:11; 요 12:8 NRSV)는 예수님의 말씀은 다른 사람들의 궁핍을 무시하거나 부패한 사회 체계를 옹호하는 핑곗거리가 되곤 했습니다.

희한하게도 우리는 이미 그러한 위험성을 충분히 알고 있음에도 불구하고, 여전히 로마서를 대할 때면 그것이 마치 각기 고립된 서술들인 것처럼, 마치 문맥에서 떼어내 별개의 짧은 설교로 뽑아낼 수 있는 서술들의 모음집인 것처럼 생각하며 읽곤 합니다. 이것을 보여주는 가장 분명한 사례는 아마도 로마서 8:28일 것입니다. "우리는 하나님을 사랑하는 자에게는 모든 것이 합력하여 선을 이

룬다는 것을 압니다"(롬 8:28, NRSV).[23] 이 구절로 시작하는 연하장이나 행주(tea towel), 경건 서적은 하나님을 넉넉히 사랑하는 사람들이라면 아무리 험난한 상황이라 하더라도 선한 부분을 찾을 수 있을 것이라는 개념을 퍼뜨렸습니다. 암시적이든 혹은 명시적이든, 이렇게 제시된 교훈은 삶에서 어떠한 일이 벌어지든지 숨겨진 선의 조각을 찾아낼 만큼 "넉넉히" 하나님을 사랑하고 있는지 점검해야 한다고 말합니다. 하지만 이 구절은 사실 중보자 되신 성령의 사역, 그리고 우리를 부르시고 맏아들(예수 그리스도)의 형제와 자매로 "우리를" 구별하시는 하나님의 사역에 관한 설명 한가운데 자리잡고 있습니다. 도덕적인 교훈과는 거리가 멀지요.

이런 어이없는 사례들을 인식하고 있는 사람들조차 로마서를 접할 때면 마치 에스컬레이터의 계단들과 같이 (각 구절이) 정확히 똑같이 중요한 것처럼 읽곤 합니다. 하지만 로마서는 각기 동일한 비중을 지닌 개별 명제들, 혹 격언들의 모음집이 아닙니다. 로마서는 그보다 훨씬 더 복잡하게 얽혀 있으며, 우리에게 문맥과 (장면의) 전환, 심지어 이전의 진술을 대체하거나 재해석하게 만드는 곡절(twists and turns)에 주의하여 읽을 것을 요구합니다.

예를 들어, 로마서 2장 후반부에서 바울은 스스로를 유대인이

---

23 NRSV성경에 나와있듯이, 이 구절에 대한 고대 사본상의 차이가 일부 존재하며 번역에 대한 이견이 있을 수 있습니다. 하지만 지금 이곳에서의 제 요지와는 관련이 없습니다.

라 부르는 자들에 대해 이야기하는데요.[24] 바울은 스스로를 유대인이라 자부하는 사람들이 정작 율법을 어기고 있진 않은지 묻습니다. 이어서 바울은 할례를 받진 않았지만 율법을 지키는 이방인이, 율법을 지키지 않는 유대인보다 낫다고 주장하면서, 유대인과 이방인의 경계를 허뭅니다. 또한 2장의 끝부분에 이르게 되면, 유대인인 것이 실제적으론 아무런 유익이 없다는 점이 명백하게 드러납니다. 그리고 이것이 바로 로마서 3장의 도입부가 내보이는 결론이기도 합니다. 그런데 그와 같은 (유대인으로서 유익이 없다는 식의) 가능성을 소개한 뒤, (오히려) 바울은 곧장 유대인이 갖는 유익이 "모든 면에서 많다"고 주장합니다.[25] 로마서를 읽을 때 느껴지는 어려움 중 하나는 개별 진술들을 따로 떼어내는 일이 아니라, 이러한 곡절을 경계하고 주의하는 것입니다.

게다가 로마서에서 누가 봐도 명백하게 중요한 순간인 경우에도, 우리는 앞뒤를 오가며 (신중하게) 읽을 필요가 있습니다. 대부분의 바울 해석가들은 로마서 1:16-17에서 중요한 선언, 곧 편지 전체의 "핵심 논제"와 같은 것을 보게 된다는 데 동의합니다.

---

24 그들이 실제로 유대인이었는지, 아니면 유대인과 관계를 맺었던 이방인이었는지는 논쟁이 되는 부분이지만, 당장은 개의치 않아도 됩니다.

25 바울이 3:1의 질문들을 수사적인 장치로 활용하고 있을 가능성이 높습니다. 그를 통해 바울은 자신과 반대되는 입장을 소개하고 또한 바로잡으려는 것입니다. 하지만 3:2에서 유대인의 유익이 표명되고 있기 때문에, 3:1의 수사 장치가 제 요점―3:2의 확답이 방금 2장을 들은 청중에게는 놀랍게 다가왔을 것이라는 점―을 약화시키지 않습니다.

저는 복음을 부끄러워하지 않습니다. 이 복음은 믿는 모든 사람들에게 구원을 주시는 하나님의 권세(power)입니다. 먼저는 유대인에게요, 그리고 헬라인입니다. 복음에는 하나님의 바로잡으심(rectification)이 묵시적으로 나타나서 믿음에서 믿음을 향하니, 이는 기록된 바 "의인은 믿음으로 살 것이다"한 것과 같습니다. (롬 1:16-17)

로마서의 독자로서 우리는 이 구절들이 함축하는 바를 풀어내는 데 긴 시간을 할애하게 될 것입니다. 과연 바울이 말하는 구원이란 어떤 의미일까요? 또 바로잡으심(rectification, 의[righteousness])이란 어떤 의미일까요?[26] 그리고 믿음은 어떤 의미일까요? 로마서의 나머지 부분을 읽을 때에야 비로소 바울이 말하고자 하는 내용의 단서를 얻을 수 있을 것입니다. 결코 처음 부분만 보고 이 핵심 논제

---

26 디카이오쉬네(*dikaiosynē*), 그리고 그와 관련된 단어들은 번역하기가 아주 어렵습니다. 언어의 경계를 넘어서 용어를 정하는 것이 언제나 어려운 일이긴 하지만, 단지 그 이유 때문만은 아닙니다. 각기 다른 번역어들은 바울 신학에 관한 오랜 논쟁들, 그리고 바울의 편지를 둘러싼 배경에 관한 현대의 논의들을 반영하고 있습니다. 저의 경우 "의"(righteousness)를 "바로잡음"(rectification, 옳게 만듦) 혹은 "하나님께서 모든 것을 바로삽는 방식"으로 받아들입니다. 이를 통해 바울에게 있어서 "의"는 하나님의 속성 그 이상이었으며, 우주 전체를 구원하기 위해 하나님께서 적극적이고 강력하게 개입(간섭)하시는 것을 가리킨다고 보는 제 견해를 밝히고 있는 것입니다. 특히 다음의 책을 참조하시기 바랍니다. Louis Martyn, "God's Way of Making Right What Is Wrong," in *Theological Issues in the Letters of Paul* (Nashville: Abingdon, 1997), 141-56.

를 해석해서는 안 됩니다. 편지 전체를 보지 않고는 해석할 수 없습니다.

앞으로 로마서의 복잡한 내용을 더 자세히 살펴보게 될 것입니다. 이제 중요한 것은 로마서가 주의 깊은 독자들을 깜짝 놀라게 할 만한 내용을 담고 있다는 점을 깨닫는 것입니다. 그중 어떤 내용은 다소 공격적으로까지 느껴질 수도 있습니다. 흔히 바울의 편지들을 읽거나 해석할 때 어떠한 거슬림도 느끼지 못하지만, 사실은 그렇지 않습니다. 바울의 편지들은 우리가 흔히 상상하는 것보다 훨씬 더 광대한 복음(의 세계)으로 우리를 인도하며, 그 복음은 우리가 가기 꺼려하는 곳까지 (우리를) 데려갈 수 있습니다.[27]

---

27   참조, 요한복음 21:18.

1장

로마서에 가면

지평을 살펴보세요

1장 로마서에 가면 지평을 살펴보세요

어느 토요일 오후, 저는 지역 한 영화관 로비에서 마티네(낮 시간에 상영되는 영화를 가리킵니다 -역주)를 기다리고 있었습니다. 사실 그날 본 영화는 전혀 기억에 남질 않았는데, 그 이유는 바로 로비에서 펼쳐진 작은 소동 때문이었습니다. 그 소동으로 인해 제가 표를 사고 본 영화에 대한 기억이 전부 사라져버렸습니다. 어떤 두 사람이 다른 작은 상영관에서 나와, 오후 상영을 맡고 있는 십 대 직원과 말다툼을 벌였습니다. 그들은 환불을 요구했는데, 내용인즉슨 영화가 마음에 안 들었으니 돈을 내지 못하겠다는 것이었습니다. 두 사람은 자신들이 영화의 도입부 10분 정도를 봤을 뿐이며, 그 이후 곧장 나가야겠다는 결심을 하게 되었다고 말했습니다. 가엾은 그 십 대 직원은 (그 현장에 없는) 매니저만이 환불할 수 있는 권한이 있다는 식으로 그들을 돌려보낼 수 있음을 모르는 듯했습니다.

그로부터 한 주가 지난 토요일 오후, 저는 그 문제의 영화가 보고 싶어졌습니다. 그 영화는 테렌스 맬릭(Terrence Malick)의 **트리 오브 라이프**(The Tree of Life)였습니다. 그날 오후에도 성난 손님과 직원 사이에 얼마나 더 많은 충돌이 있었는지는 잘 모르겠습니다. 하지만 모두가 그 영화를 좋아한 것은 아니었다는 점은 확실히 알게 되었습니다. 영화 상영 도중에도 계속해서 사람들이 일어나 극장 밖으로 나갔거든요.

영화가 어떤 불쾌감을 준다는 점은 분명했지만, 그 불쾌감이라는 것이 일반적인 것은 아니었습니다. 노골적인 성관계 장면도 없었을뿐더러, 폭력적인 장면도 거의 없었습니다. 이런저런 집단들을 격동하게 만드는 공공연한 이데올로기 경향도 없었고요. (영화가 주는 불쾌감에 대해) 제가 제시하고자 하는 근거가 완전히 입증된 것은 아니지만, **트리 오브 라이프**에 대한 반감은 분명 영화가 직선적이지 않다는 점과 연관이 있어 보입니다. 우리는 영화를 볼 때 흔히 줄거리, 즉 기승전결을 기대합니다. 물론 회상 장면과 미래 장면(전문적인 용어로, 후술법[analepses, 과거의 일어난 사건을 회상하는 것을 뜻합니다 -역주]과, 선술법 [prolepses, 실제 시간보다 앞당겨 미리 보여주는 것을 뜻합니다 -역주]입니다)이 영화의 수준을 끌어올릴 수도 있습니다. 하지만 그것도 결국 그런 기법들이 줄거리 속에서 어떻게 사용되고 있는지를 충분히 쫓아갈 수 있을 때에나 해당하는 이야기입니다.

트리 오브 라이프의 경우 내러티브 자체가 사라질 우려를 갖고 있었습니다. 1950년대 텍사스 주 웨이코(Waco)에 사는 한 작은 가족

의 사랑과 상실이라는 줄거리를 가지고 있긴 했지만, 영화의 중심
은 그 가족에게 있다기보다는 오히려 가족 구성원들과 피조 세계
(creation) 사이의 관계, 더 정확히는 그들과 창조주 사이의 관계에 있
었습니다. (영화 속에서) 우리는 가족 생활이 축소된 단면들—밖에서
뛰놀고, 텃밭에서 일하고, 캐치볼을 배우는 일 등—을 보게 됩니다.
그리고 그러한 삶의 단면들이, 깜짝 놀랄 만큼 화려하고 멋진 피조
세계의 모습으로 뒤바뀌는 것을 보게 됩니다. (영화 속에서) 일상의 즐
거움과, 피조 세계 전체의 웅장함은 서로 나란히 배치(병치)되어 있
습니다.[1]

저의 경우 **트리 오프 라이프**가 그다지 불쾌하지 않았습니다. 영
화가 피조 세계와 창조주처럼 보다 큰 이야기 안에서 한 가족의 기
쁨과 고통을 들려주자, 저는 그것을 통해 송영(doxology, 하나님과 그분의
영광을 찬양하는 노래를 가리킵니다 -역주)이 펼쳐지는 것을 느낄 수 있었습
니다.[2] 제가 말하는 "송영"은, 그저 생각을 멈추고 "온갖 축복을 내

---

1   맬릭의 작품에 익숙한 사람들은 제가 여기서 **트리 오브 라이프**에 관해 쓴 내
     용 대부분이 그의 다른 영화들에도 해당된다는 점을 알아차릴 것입니다. 저
     는 아들(매튜 가벤타)과의 대화 덕분에 맬릭의 스타일에 대해 알 수 있었습
     니다.

2   저와 **트리 오브 라이프**에 대해서 이야기를 나눈 몇몇 사람들은 영화의 중심
     주제로 신정론을 꼽았습니다. 물론 주요 인물들이 그러한 문제로 씨름한다
     는 점은 분명합니다. 하지만 제 생각엔 신정론에 관한 의문에 맞서, 영화는
     미시적 세계와 거시적 세계의 병치로 응답하고 있습니다. 저는 그 병치가
     로마서를 재고하는 일에 있어서 많은 것을 시사한다고 생각합니다.

려주시는 하나님을 찬양"하는 것을 가리키지 않습니다. 때때로 송영을 부르는 일은 마치 7회 스트레치(seventh-inning stretch, 미국에서 야구 경기 중 7회 초가 끝나면 일어나 "나를 야구장으로 데려가 주오"[Take Me Out to the Ball Game] 노래를 부르며 스트레칭하는 것을 가리킵니다 -역주)의 예전적인(liturgical) 표현처럼 보입니다. 차이가 있다면 우리가 "나를 야구장으로 데려가 주오" 노래를 더 열심히 부른다는 점이겠지요. 또한 제가 말하는 "송영"은, 흔히 송영으로 통하는 미지근한 찬송 음악, 다시 말해 모든 초점이 예수님을 사랑하는 "우리"에게, 혹 "나에게" 맞춰져 있는 찬송을 가리키지 않습니다. 내 이웃의 하나님보다 "나의" 하나님이 더 좋으신 분이라는 데에 초점이 맞춰져 있는 찬송을 가리키지도 않고요. 송영이라 할 때 제가 염두에 둔 것은 곧 헨델(Handel)의 "할렐루야 합창"(Hallelujah) 혹은 비도르(Widor)의 토카타(Toccata)에서 드러나는 것처럼, 우리에게 쏟아져 내리는 광대한 울림, 그 위엄으로 우리를 요동하게 만드는 소리입니다.

특히 구원에 대한 바울의 이해를 생각해보면, 로마서와 맬릭의 트리 오프 라이프는 닮은 구석이 있습니다. 바울 역시 인간의 삶을 상상조차 하기 힘든 큰 배경 안에 위치시킵니다. 문제는 우리 대부분이 그러한 (장면의) 전환들을 놓치고 있다는 점입니다. 그간 우리는 로마서의 특정한 몇몇 순간만을 알아차리도록 학습되어 왔기 때문에, 그 편지가 가진 진정한 크기(규모)를 놓치곤 합니다. 물론 영화와 같이 로마서가 우리를 불쾌하게 만들어서, 걸어나가 환불을 요구하게끔 만드는 것은 아닙니다. 하지만 우리는 분명 로마서 이야기의 큰 부분을 놓치고 있으며, 우리가 놓치고 있는 그 부분은 사실 아주 중요한 부분입니다. 이것은 마치 다소 엉뚱하고 왜곡된 렌즈를 끼고 있는 것과 같습니다. 3-D 렌즈 대신에, (1차원적으로) 납작해진 로마서를 보여주는 1-D 렌즈를 끼고 있는 것과 같지요. 아주 제한된 이야기만을 보여주는 렌즈 말입니다.

저는 우리 대부분이 작고 깔끔하며, 잘 다듬어진 로마서 버전에 이미 상당히 익숙해져 있다고 생각합니다. 뚜렷한 발단, 전개, 결말을 가진 로마서 말이죠. 수년 동안 저는 로마서를 가르치는 수업을 맡아 왔습니다. 저는 수업과 관련하여 학생들이 어떤 지식을 갖고 있는지 파악하기 위해서, '한 번도 로마서를 읽어본 적 없는 사람에게 로마서를 어떻게 설명할 것인지'를 물으며 수업을 시작하곤 했습니다. 흔한 대답 중 하나는 로마서가 "죄, 구원, 성화"에 관한 편지라는 것이었습니다. 즉, 1-4장은 죄, 5-11장은 구원, 12-16장은 성화로 나눠질 수 있다는 주장이었습니다.[3] 차후에 그러한 관점의 한계에 대해 더 자세히 이야기할 것이고, 지금은 그 관점이 지나치게 쉽고 단순하다는 점을 지적하고자 합니다. 이따끔씩 "죄, 구원, 성화"와 "믿음을 통해 은혜로 말미암는 칭의(justification by grace through

---

3   이러한 도식이 하나님께서 이스라엘을 다루시는 내용이 담긴 9-11장을, 1-8장 쪽에 넣는지, 아니면 12-16장 쪽에 넣는지에 대해서는 잘 모르겠습니다. 물론 9-11장을 어느 쪽에 넣든지 문제가 발생하며, 이것은 위와 같은 읽기 방식에서 나타나는 수많은 문제 중 하나일 뿐입니다.

faith)", 그리고 "하나님의 의"(righteousness of God)와 같은 표현들을 들을 때면, 저는 그것이 과연 진정으로 본문을 읽고 이해하려고 애쓴 모습인지 의아해집니다.

어쩌면 제가 부당하게 굴었는지도 모릅니다. 제 질문은 한 학기 동안 이어질 수업 첫 시간에 던져진 것이고, 학생들은 강의실에서 기껏해야 짧은 몇 마디로 대답할 수 밖에 없으니까요. 한 가지 고백하자면 때로는 겉면만 훑고, 잘 손질된 표현들을 곧바로 내어놓는 학생들보다, "그 질문에 대해 어떻게 생각해야 하는지조차 모르겠습니다"라고 대답하는 학생들로부터 더 큰 힘을 얻습니다. 일반적으로 그리스도인들이 성경을 대하는 방식 대부분은 그저 표면만을 훑어보는 것입니다. 즉, 손쉬운 대답이나 슬로건을 찾고, 자신의 목적을 위하여 쉽게 통제할 수 있고 조작할 수 있는 내용에 만족해하는 것이지요.[4] 그러한 읽기 방식에 쓰이는 텍스트는 결국 아픔도, 도전도 주지 못하는 텍스트, 잘못을 고쳐 주거나 생각을 확장시켜 주지도 못하는 텍스트일 것입니다.[5] 하지만 성경을 주의 깊게 읽는

---

4   Mary Gordon은 이러한 경향을 포착하여 다음과 같이 말했습니다. "모든 그리스도인들이 마치 편집자처럼 읽습니다. 필요하다고 생각이 들 때마다 손에 쥔 연필을 사용하는 것을 두려워하지 않습니다. 어쩌면 모든 그리스도인은 (불온한 부분을) 삭제하고 정정하는 사람이라고 말하는 것이 더 맞는지도 모르겠습니다. 받아들일 수 없는 내용을 마주할 때면 우리는 그것을 건너 뛰고, 그저 다음 장에서 기꺼이 붙잡을 만한 내용을 찾길 바라죠."(*Reading Jesus* [New York: Pantheon, 2009], xvi-xvii).

5   1970년대 초, 제가 유니온 신학대학원(Union Theological Seminary, NYC)

일은 칼 바르트의 말을 빌리자면, "많은 땀과 씨름"이 있어야 하는 일입니다.[6] 특히 구원에 관한 질문을 두고 장기간 로마서를 주의 깊게 연구하는 일은, 구원이 흔히 상상하는 것보다 훨씬 더 복잡하고 우주적이며,[7] 훨씬 더 도전적인 것임을 발견하는 일입니다.

제가 학생들의 슬로건을 두고 트집을 잡을 수도 있겠지만, 사실 저는 학생들이 로마서의 중심을 구원이라 보는 견해에 동의합니다. 하지만 바울이 말하는 구원이란 과연 어떤 의미일까요? 그 질문에 대한 대답은 우리가 알고 있는 것보다 훨씬 더 크고 방대할 것입니다.

의 학생일 때, James A. Sanders가 다음과 같이 말하는 것을 들은 적이 있습니다. "여러분이 성경을 읽고 내면에서 따뜻함과 편안함이 느껴진다면, 그렇다면 분명 성경을 잘못 읽고 있는 것입니다." 물론 위로를 받는 읽기 방식, 특히 슬픔에 잠긴 사람들, 소외된 사람들, 고통받는 사람들이 위로를 받는 읽기 방식도 있을 수 있습니다. 그럼에도 Sanders의 말 속에는 분명 (귀담아 들을) 지혜가 담겨 있습니다.

6   Karl Barth, *The Epistle to the Romans*, trans. Edwyn C. Hoskyns (Oxford: Oxford University Press, 1933), 17.

7   이 맥락에서 "우주적"이란 용어는 존재하는 모든 것—인간, 동물, 식물, 그리고 인간보다 더 큰 무언가—과 관련이 있습니다. 이 용어를 통해 표현하고자 하는 것은 결국 바울이 가진 복음에 대한 총체적인 이해입니다. Beverly Roberts Gaventa, "Neither Height nor Depth: Discerning the Cosmology of Romans," *SJT* 64 (2011): 265-78.

로마서 속의 구원: 그간의 전제들

바울이 로마에 보낸 편지 속에 담긴 구원에 대해 생각할 때, 즉시 떠오르는 두 가지 본문이 있습니다. 첫 번째 본문은 로마서 편지 전체의 핵심 논제로 여겨지는 본문입니다.

> 저는 복음을 부끄러워하지 않습니다. 이 복음은 믿는 모든 사람들에게 구원을 주시는 하나님의 권세입니다. 먼저는 유대인에게요, 그리고 헬라인입니다. (롬 1:16)

두 번째 본문은 하나님과 이스라엘의 관계에 관하여 바울이 길게 논의하는 도중에 나오는 구절입니다.

> 당신이 만일 예수를 주님이라고 입으로 고백하고, 하나님께서 그분을 죽은 자들 가운데서 살리신 것을 마음으로 믿으면 구원을 받을 것입니다. (롬 10:9)

이외에 다른 구절들, 특히 13:11을 떠올릴 수도 있겠습니다("구원이 우리가 처음 믿기 시작할 때보다 더 가까워졌습니다"). 이러한 본문들을 따르는 이들, 특히 미국의 개인주의에 큰 영향을 받은 이들은, 구원을 마치 하나님과 인류 사이의 거래, 심지어 하나님과 한 개인 사이의 거래처럼 생각하기 쉽습니다. 인간의 죄에 대응하여 하나님께서 인류에게 예수님을 일종의 "제물"로 보내셨다는 것이지요. 회개하고 예수를 믿는 사람들은 구원을 받지만, 회개하지도 않고 믿지도 않는 사람들은 구원을 받지 못합니다. 그렇게 각 개인은 구원을 받을 수 있는 기회를 마주하게 됩니다.[8]

로마서를 다루는 상당수의 학자들도 바로 이런 식의 이해를 전제로 갖고 있습니다. 예를 들어, 더글라스 무(Douglas Moo)는 구원을 "영적인 구원"(spiritual deliverance)과 동일시하는데, 거기에는 죄인이 하나님의 영광을 나누는 데까지 회복되는 일도 포함됩니다.[9] 조셉 피츠마이어(Joseph Fitzmyer)는 구원이 전인(whole person)과 관계된다고 말하는데, 아마도 그 말은 그저 각 개인을 의미하는 것으로 보입니다.[10] 벤 위더링턴(Ben Witherington)과 달린 하이어트(Darlene Hyatt)는 구원의 종말론적인 특성을 밝히면서 "확실하게 영원에 머물러야, 영원히 안전한 것이다"(one is not eternally secure until one is securely in eternity)

8   *The Deliverance of God: An Apocalyptic Rereading of Justification in Paul* (Grand Rapids: Eerdmans, 2009)에서 Douglas Campbell은 이런 식으로 바울을 읽는 것을 신랄하게 비판합니다. 저는 그가 내린 결론들 중 많은 부분에 동의하지만, 그 과정에 있어서는 몇 가지 심각한 의구심을 가지고 있습니다. 그에 대한 제 리뷰를 참조하시기 바랍니다(*Christian Century*, May 18, 2010, 35-36.).

9   Douglas J. Moo, *The Epistle to the Romans*, NICNT (Grand Rapids: Eerdmans, 1996), 66-67.

10 Joseph A. Fitzmyer, *Romans*, AB 33, ed. William Foxwell Albright and David Noel Freedman (New York: Doubleday, 1993), 592.

라고 주장한 바 있습니다.[11] 또다시 구원이 각 개인과 관련이 있다고 주장하는 것입니다. (아이러니하게도, 제가 이 문장을 한창 쓰고 있을 때, 은퇴에 관한 세미나를 알리는 이메일 광고 하나가 도착했고, 그 광고에는 "오늘도, 내일도, 그리고 미래에도 당신이 안전함을 느끼도록 해드리겠습니다"라고 적혀 있었습니다. 어떤 신약성경 해석을 보니, 하나님의 구원의 복음을 마치 풍족한 은퇴 자금과 교환이 되는 것처럼, 혹은 그에 상응하는 것처럼 이해하더군요.)

이 모든 사례들 그리고 인용이 가능한 다른 많은 경우들을 보면, 흔히 구원을 본질적으로 각 개인과 연관되는 것으로 생각합니다. 인간이란, 용서를 받아 하나님과 올바른 관계로 회복되고 종말론적인 진노로부터 구원을 받아, 그리스도인으로서의 삶을 향해 가는 존재라는 것이죠(여기에서 "죄, 구원, 성화"라는 슬로건이 나오게 된 것입니다).

구원에 대한 공동체적 이해

지난 수십 년 동안 이어진 바울 연구 안에서, 개인 구원에 관한 지배적인 전제는 신가한 비판을 받아왔습니다. 그 전제는 서구 세계, 특히 미국의 개인주의에 깊게 뿌리박고 있기 때문입니다. 우리는 서구의 교육, 기술, 경제, 무엇보다 지난 세기 심리학이라는 문

---

11   Ben Witherington III and Darlene Hyatt, *Paul's Letter to the Romans: A Socio-Rhetorical Commentary* (Grand Rapids: Eerdmans, 2004), 51.

화의 바다에서 헤엄치는 와중에, (다른 고대 문서들과 마찬가지로) 바울의 편지를 변함없이 개인과 관련된 내용으로 읽고 있습니다. 우리가 파악하지 못한 것은 곧 고대 세계가 개인이 아닌 집단의 필요를 통해 세상을 이해했으며, 그 사고방식에 있어서도 훨씬 더 공동체적이었다는 점입니다. 이런 주요한 비판으로 인해, 학자들은 바울의 편지들이 개인보다는 그룹에 관심을 두고 있다고 주장하게 되었습니다.[12]

로마서를 개인주의 입장에서 읽는 방식에 대한 몇 가지 대안들이 서로 다른 형태로, 심지어 서로 간에 상충하는 형태로 나타났습니다. 어떤 이는 바울의 편지가 한 집단, 다시 말해, 이방인 출신 그리스도인들로 이루어진 그룹에 전적으로 관심을 두고 있다고 주장했습니다.[13] 파멜라 아이젠바움(Pamela Eisenbaum)은 로마서의 복음, 좋

---

12 개인 대신에 공동체를 지나치게 강조한다는 비판이 대두되고 있습니다. Gary W. Burnett, *Paul and the Salvation of the Individual,* BibInt 57 (Leiden: Brill, 2001). Burnett은 성서학 분야에서 사회-과학 이론의 활용이 증가하면서 집단 혹은 공동체에 대해 지나친 강조가 나타났다고 언급합니다. 이는 사회-과학자들이 "개인이 집단을 통해 형성되고 집단과 동질감을 느끼는 방식들을 지적하는 일에 기득권을 갖고 있기 때문입니다"(10). 또한 다음의 자료를 참조하시기 바랍니다. Ben C. Dunson, *Individual and Community in Paul's Letter to the Romans,* WUNT 2.232 (Tübingen: Mohr Siebeck, 2012).

13 "그리스도인"이란 용어는 이미 잘 알려진 바와 같이 시대착오적인 용어입니다. 그것은 바울의 편지들이 기록된 이후에나 사용되기 시작했습니다. 설상가상 그 단어는 이미 바울 시대에 예수를 하나님의 메시아로 여겼던 사람들이 유대교와 분리된 종교를 만들었다는 식의 개념을 퍼뜨리고 있습니다. 이러한 연유로 학자들은 "신자"(believers), "성도"(saints), "그리스도 따름

은 소식이 오로지 이방인들에게만 전해진 것이라고 주장하는 사람들 중 한 명입니다. 바울의 견해에 따르면, 유대인들은 하나님의 은혜에 기초하여 이미 하나님과 언약 관계에 있으며, 이미 의롭다 함을 얻었다는 것이지요. 곧 예수 그리스도에 관한 바울의 복음은 "하나님께서 이제 그 은혜를 이방인에게까지 확장하셨다"는 이야기인 것입니다.[14] 따라서 복음이 필요한 사람들은 유대인들이 아니라 이방인 집단이라는 것이죠.

이와는 대조적으로 N. T. 라이트(Wright)의 견해에 따르면, 구원은 아주 유대적인 개념으로서, 이스라엘 사람들을 압제로부터, 특히 로마의 억압으로부터 해방하는 것과 관련이 있습니다.[15] 이스라엘의 불순종으로 인하여, 세계 안에 놓인 죄의 문제를 다뤄야 하는 그들의 소명은 실현되지 못했습니다. 그런데 이스라엘의 메시아 된 예수님께서 그 역할을 맡으셔서 이스라엘의 소명을 성취하셨고, 이방인이 이스라엘 안에 포함되는 시대를 여셨다는 것입니다.[16]

이"(Christ-followes)와 같은 용어들로 그것을 대체하고 있습니다. 하지만 이 대체어들 역시 각기 문제를 가지고 있기에 저는 전통적인 단어 "그리스도인"을 사용하기로 결정했습니다. 물론 이 역시 한계가 있음을 잘 알고 있습니다.

14 Pamela Eisenbaum, *Paul Was Not a Christian: The Original Message of a Misunderstood Apostle* (New York: HarperCollins, 2009), 247.

15 N. T. Wright, "The Letter to the Romans," *NIB*, ed. Leander E. Keck (Nashville: Abingdon, 2002), 10:424.

16 Ibid., 401-2.

구원을 개인적인 것으로 읽어내는 방식에 반대하는 또 다른 대안은, 로마서(대체로 바울)와 로마 제국을 둘러싼 최근의 논의들 가운데서 두드러지게 나타나고 있습니다. 로버트 쥬윗(Robert Jewett)은 하나님의 구원에 관한 바울의 확답이 제국이 내놓은 해답과 대조된다고 주장하는 사람들 중 한 명입니다. "구원은 바울의 편지가 전달되는 도시, 로마에 가득찬 통치 도구들 속에서는 찾아볼 수 없습니다." (쥬윗에 따르면) 그 대신 로마서는 "구원이 겉보기에는 힘이 없어 보이는 공동체, 하지만 복음으로 세워진 믿음의 공동체 안에 존재한다"고 주장합니다.[17]

이처럼 (대안적으로) 로마서를 바라보는 상이한 견해들은 구원을 사적인 것이나 개인적인 것으로 보기보다는, 오히려 공동체적 혹은 사회적인 측면에서 봐야한다는 확신을 공유하고 있습니다.

구원의 우주적인 지평

로마서를 읽는 전통적인 방식인 개인 차원의 읽기 방식을 사용하든지, 혹 보다 최신의, 공동체적인 관점에서 읽는 방식을 사용하든지 간에, 이 모든 관점들은(각 관점이 아무리 구별된다 할지라도) 문제와 해결이라는 1차원적인 이야기를 만들어 냅니다. 즉, 인간에게는 문

---

17   Robert Jewett, *Romans: A Commentary*, Hermeneia (Minneapolis: Fortress, 2007), 139.

제가 있고, 하나님께서는 그것을 해결하신다는 것이지요. 그 문제가 개인에 해당하는 것이든, 혹은 공동체 전체에 해당하는 것이든, 어쨌든 문제는 하나님의 개입으로 해결이 됩니다. 아니면 적어도 하나님은 문제를 바로잡을 수 있는 제안, 인간들이 자유롭게 받아들이거나 혹은 거절할 수 있는 제안을 하신다는 것입니다. 구원에 대한 이와 같은 사고 방식은 미국의 신앙 생활 속 수많은 모습들 가운데 나타납니다. 또한 이러한 사고 방식은 우리가 사도행전 2장에 있는 베드로의 오순절 설교에서 발견하는 내용과 유사하기도 합니다. 사도행전 2장을 비롯한 여러 곳에서, 베드로는 하나님께서 예수를 이스라엘의 주(Lord)와 메시아로 보내셨다고 선포합니다. 그러고 나서 베드로는 회개를 요청합니다. "회개하세요. 그리고 여러분 각 사람은 예수 그리스도의 이름으로 세례를 받고 죄 용서를 받으세요. 그리하면 여러분은 성령을 선물로 받을 것입니다"(행 2:38, NRSV).

하나님은 인간의 문제를 보시고, 메시아 예수를 보내셔서 인간에게 회개의 가능성을 주셨습니다. 우리는 이 이야기의 기본적인 구조를 변경시키지 않고도, 더 커다란 표현들로 시나리오를 고쳐 쓸 수 있습니다. 이러한 시도가 개인을 향할 수도 있고 사회 집단을 향할 수도 있습니다. 혹 정치적인 구원과 관련될 수도 있지요. 그럼에도 그 줄거리는 변함없이 유지됩니다. 제인 오스틴(Jane Austen)의 팬이라면, 여기서 어떤 공통점을 발견할지도 모르겠습니다. 오스틴은 동일한 플롯을 서로 다른 6가지 방식으로 썼다는 비난을 받았으니까요. 등장 인물들의 이름은 변했지만 줄거리는 그대로였습니다.

앞서 말한 방식들은 모두 바울이 가진 구원에 대한 이해, 진동을 일으키는 우주적 차원의 이해에 미치지 못합니다. 물론 적어도 어느 정도는 바울의 견해 안에 포함될 수 있긴 하지만, 그럼에도 그 방식들은 모두 구원을 작은 규모의 거래─하나님과 한 인간 사이의 거래이든, 하나님과 특정 그룹 사이의 거래이든─로 축소시킵니다. (3-D 렌즈가 필요한 텍스트를 보면서, 정작 실제 렌즈는 1-D인 상황입니다.)

언뜻 보기엔 이 편지가 그렇게 복잡해 보이지 않는 것이 사실입니다. 바울은 로마서 첫 머리에 복음은 구원과 관계가 있다고 선언합니다. 로마서 1:16에 쓴 것처럼, 하나님의 권세(힘)는 구원을 주시는데, 여기서의 "권세"라는 단어를 향후 더 자세히 살펴보고자 합니다. 그다음 단락(롬 1:18-3:20)을 보면, 바울은 인간에게 정확히 왜 구원이 필요한지 설명하기 위해서, 그 문제를 다루는 상당히 긴 여행길로 우리를 인도합니다. 먼저 바울은 이방인에 대하여 관습처럼 이어져 온 유대인들의 주장에 의존하여, 인류가 하나님을 아는 것을 거부함으로 하나님께 반역했다고 말합니다.[18] 그러고 나서 (2장

---

18 이런 식으로 말하면 마치 고정 관념이란 것이 한 방향으로만 흐른다는 오해가 있을 수 있겠습니다. 물론 이방인들 또한 유대인들을 향해 수많은 고정 관념을 가지고 있었습니다. 잘 정리된 다음의 자료를 참조하시기 바랍니다. Menahem Stern, *Greek and Latin Authors on Jews and Judaism: Edited,*

에서) 바울은 유대인과 이방인의 범주를 아주 미묘한 방법으로 무너뜨립니다. 바울은 율법을 받은 적이 없어도 율법을 지키는 이방인들이 있을 수 있다는 것, 반대로 율법을 가지고 있음에도 지키지 않는 유대인들이 있을 수 있다는 것을 언급합니다(롬 2:12-24). 2장은 복잡해서 제가 방금 이야기한 것보다 더 주의를 기울여서 살펴봐야 하지만, 여기서는 그저 모든 사람이 한 배를 타고 있음을 보여주기 위해서 바울이 (유대인과 이방인의 범주와 같이) 강력한 정체성 표시들을 약화시키고 있다는 정도만 언급하고자 합니다. 바울이 유대교 자체를 비판하고 있는 것은 아닙니다. 하지만 그는 하나님의 가족 구성원인 유대인으로서 갖는 주요한 특권들조차도, 유대인들을 범죄로부터 떼어 놓진 못한다고 주장하고 있습니다. 이 주장은 종잡을 수 없는 것처럼 보이지만 결국 3:9("유대인이나 헬라인이나 모두 죄 아래에 있습니다")에 이르게 됩니다. 그리고 로마서 3:10-18에서 연달아 인용되는 구약성경 본문들은, "의로운 사람은 아무도 없습니다 … 하나님을 찾는 사람은 아무도 없습니다"를 무자비하게 반복하며 9절을 뒷받침합니다.[19] 끝으로 3:19-20에서 바울은 이 문제가 가진 우주

---

with Introductions, Translations, and Commentary, 3 vols. (Jerusalem: Israel Academy of Sciences and Humanities, 1974-84).

19   제가 쓴, "From Toxic Speech to the Redemption of Doxology in Paul's Letter to the Romans," in The Word Leaps the Gap: Essays on Scripture and Theology in Honor of Richard B. Hays, ed. J. Ross Wagner, C. Kavin Rowe, and A. Katherine Grieb (Grand Rapids: Eerdmans, 2008), 392-408을 참조하시기 바랍니다.

적인 차원에 관하여 재차 언급하는데요. 이번에는 율법이라는 측면에서, 곧 모든 인간의 입을 막으려고 율법이 말한다고 표현합니다.

바울은 이와 같이 인간의 문제에 대해 정교하게 분석한 후에, 3장의 말미에서 그리스도 예수 안에서 "해결책"을 제시합니다.[20] 하나님의 바로잡으심(rectification) 혹은 하나님의 의(righteousness), 다시 말해 모든 것을 바로잡으시는 하나님의 방식은 십자가에서 성취된다는 것입니다. 하나님은 모든 사람을 위한 선물(우리는 보통 그 선물을 은혜라고 부릅니다)로 예수님을 내세우셨고, 이 선물은 믿음을 통해서 받을 수 있습니다.[21] 그리고 바울은 4장의 아브라함에 관한 논의에서 하

---

20 바울이 먼저 (인간의) 문제에 대한 분석을 제시한 후에 그 "해결책"으로 예수 그리스도를 (재)도입한다는 사실이, 곧 바울이 그의 생애 초기, 다시 말해 부르심을 받기 이전에는 세계를 상당히 부정적으로 보았고 예수님을 그 "해답"으로 발견하게 되었다는 의미는 아닙니다. 대체로 인정되는 바와 같이, 갈라디아서 1장, 빌립보서 3장-이 본문들도 그의 "부르심" 혹은 "회심" 체험에 상당한 영향을 받았을 것입니다-처럼 바울이 스스로의 삶을 되돌아보며 남긴 회상 외에는, 그 체험 이전에 그가 가지고 있었던 견해에 접근할 방법이 없습니다. 하지만 바울의 사고(방식)가 복음으로부터 거꾸로, E. P. Sanders의 유명한 표현처럼, "해결"에서 "곤경"으로 흘렀을 가능성이 더 높아 보이는 것은 사실입니다(*Paul and Palestinian Judaism: A Comparison of Patterns of Religion* [Minneapolis: Fortress, 1977], 442-47). Sanders 이전에 Karl Barth에게서도 비슷한 의견이 나타납니다(*Church Dogmatics* II/2 [London: T&T Clark, 1957], 92-93). 또한 이 부분에 대한 Martyn의 해설을 참조하세요. J. Louis Martyn, *Galatians*, ed. William Foxwell Albright and David Noel Freedman, AB 33A (New York: Doubleday, 1997), 95n43.

21 바울이 말하는 은혜에 관해서는 Barclay가 중요한 공헌을 했습니다. John M.

나님께서는 언제나 은혜를 통해 일하셨음과, 심지어 그것은 아브라함조차 예외가 아니었음을 보여줍니다.

하지만 여기에서도, 특히 2장과 3장의 초반을 보면 몇 가지 특이한 곡절(twists)이 나타납니다. 만일 우리가 좀 더 빨리 해석을 진행하고 멈춰 서서 질문을 던지지 않는다면, 로마서 1-4장을 간단하게 인간의 문제―하나님께서 종말론적 심판으로부터 인간을 구원하시기 위해 예수 그리스도의 죽음 안에서 해결하신 문제―를 살펴보는 이야기 정도로 보게 될 것입니다.

그렇게 보면 5장이 "우리가 믿음으로 바로잡혔으니, 우리 주 예수 그리스도를 통하여 하나님과 평화를 누립시다"(롬 5:1)라고 시작하는 것도 다 맞아떨어지는 것처럼 보입니다. 이러한 언급은 새로운 논의의 단계로 접어드는 신호처럼 보이고요. 인간의 죄성에 관한 논의가 지나가고, 인간 문제에 대한 논의도 다루어졌습니다. 그러니 이제 바울은 그리스도인의 삶을 설명하는 단계로 넘어갈 수 있게 된 것이죠. 실제로 많은 이들이 바울을 이런 식으로 다루고 있습니다. 로마서 5장을 그리스도인의 삶에 대한 바울의 묘사가 시작되는 곳으로 이해하는 것입니다.[22]

G. Barclay, *Paul and the Gift* (Grand Rapids: Eerdmans, 2015).

22 이를테면, 다음과 같은 자료들을 참조하시기 바랍니다. C. E. B. Cranfield, *A Critical and Exegetical Commentary on the Epistle to the Romans: I*, ed. J. A. Emerton and C. E. B. Cranfield, ICC (Edinburgh: T&T Clark, 1975), 252, 255; Arland J. Hultgren, *Paul's Letter to the Romans: A Commentary* (Grand

그러한 묘사가 나타나긴 합니다. 최소한 처음 몇 구절에서는 분명히 나타나고 있습니다. 하지만 얼마 가지 않아 바울은 또다시 죄에 대한 이야기로 되돌아갑니다. 이번에는 죽음(Death)과 짝을 이루는 죄(Sin)라는 이름의 권세(power)를 언급합니다.

5장의 후반부에서 그 이야기를 꺼내기도 전부터, 하나님과의 평화를 논하던 (5장의) 시작 부분에서도, 바울은 처음 (그 이야기를 들었을) 청중들로서는 아마도 독특하다고 느꼈을 내용을 언급합니다. 바울은 계속해서 "우리"—바로잡힌 바 되어 하나님과 평화를 누리는 우리—를 묘사하는 가운데, 5:6에 이르러서는 "그리스도께서 **우리가 아직 (연)약할 때**에 죽으셨습니다"라고 말합니다. 이어서 "그때에 그리스도께서 **경건하지 않은 자들**을 위하여 죽으셨습니다"라고 언급하고요. 5:8은 좀 더 직접적으로 표현합니다. "우리가 아직 **죄인**이었을 때, 그리스도께서 우리를 위해 죽으셨습니다." 그리고 마침내 5:10에서는 "**우리가 원수였을 때**, 하나님과 화해하게 되었습니다."라고 표현합니다.

오늘날 독자들에게는 이 표현들이 그다지 불쾌하게 느껴지지 않을 것입니다. 바울이 "우리의"(로마서 속 우리, 즉 바울 시대의 우리를 가리킵니다 -역주) 과거를, 현재의 시간 즉, 화해와 평화의 시간과 대조한 것처럼, 그 표현들은 모두 과거의 삶을 묘사하고 있습니다. 사실 그

Rapids: Eerdmans, 2011), 197; Bruce J. Malina and John J. Pilch, *Social-Science Commentary on the Letters of Paul* (Minneapolis: Fortress, 2006), 239.

내용은 상당히 강렬한 내용을 담고 있습니다. 물론 "(연)약하다"라는 표현은 현대 서구 사람들에게도 그렇게 반가운 표현은 아닙니다.[23] 로마에서도 그렇게 환영받는 단어는 아니었을 것입니다. "경건하지 않다"라는 용어도 분명 그저 그런 표현은 아니었습니다. 유대적인 배경에서, 누군가를 "경건하지 않다"고 말하는 것은 단순히 불가지론자, 무신론자 혹은 하나님을 믿지 않거나 종교적인 (유대) 관습들을 지키지 않는 사람을 가리키는 말이 아니었습니다. 그 말은 곧 "의로운" 사람의 반대편에 선 사람들을 가리켰습니다(이를테면, 창 18:23, 25; 출 9:27; 시 1:6을 보세요). 로마서 5:6의 "경건하지 않은"이라는 표현은 1장 후반부에 나오는 인간에 대한 묘사를 요약하고, 3:10-18에 인용된 구약성경을 상기시킵니다. 그곳에 나오는 "하나님을 두려워하는 사람이 아무도 없다"(롬 3:18)라는 표현은 곧 죄가 있다(godless)라는 의미입니다. 적어도 복음서(들)의 경우 "죄인"이라

---

23 "전문가라면 (연)약해 보이는 방식으로 행동하지 말라"고 하는 충고를 떠올려 보세요. 미국의 대통령이 "(연)약하다"는 인상을 주어선 안 된다는 두려움, 혹은 미국이 세계 무대에서 "(연)약하게" 비춰져서는 안 된다는 두려움도요. 이와 같은 현대적인 사례들은 무궁무진합니다. Mark Reasoner는 로마의 (사회적) 환경에서 사용된 "강한", "약한"이라는 용어를 연구했습니다(The Strong and the Weak: Romans 14.1–15.13 in Context, SNTSMS 103 [Cambridge: Cambridge University Press, 1999], 45-58). 그가 제시하는 증거와 함께 그의 결론도 참조하시기 바랍니다. "로마는 초기 제국 사회의 다양한 계급 안에서 사회 계층들을 규정하고, 또한 지위를 토대로 계급상의 위치를 구별하는 경향을 띠는데, 이는 바울이 사용한 용어들과도 잘 들어맞는다" (45).

는 명칭이 공동체 주변부에 머무는 자들을 가리키며,[24] 이 또한 상당히 강력한 표현입니다. 주변부로 밀려난 "죄인들"조차도 공동체의 일원이므로, "경건하지 않은" 자들(롬 5:6)보다 더 지각 있게 행동해야 했습니다. 그렇다면 (바울 시대에 속한) "우리가" "하나님의 원수"였다고 말하는 것은, "우리를" 하나님과 충돌 혹은 대립 관계에 있다고 묘사하는 것이기에 훨씬 더 낯선 표현이라 할 수 있습니다(롬 5:10).[25]

21세기 독자들이라면 위에서 언급된 표현들을 아무렇지 않게 받아넘기겠지만, 바울의 청중들은 결코 (그 용어들을) 자신들에게 적용하지 않았을 것입니다. 그 청중들은 자신들이 하나님의 백성 가운데 있다고 여기거나, 적어도 하나님의 백성과 나란히 서 있다고 생각했기 때문입니다. 서론에서도 말했듯이, 이 편지의 청중들이 대

---

24 Greg Carey, *Sinners: Jesus and His Earliest Followers* (Waco: Baylor University Press, 2009), 6-15. 다음의 자료를 참조하세요. Elisabeth Schüssler Fiorenza, *In Memory of Her: A Feminist Theological Reconstruction of Christian Origins* (New York: Crossroad, 1985), 128.

25 저는 두 가지 이유로 이곳을 비롯한 여러 곳에서 "우리가"와 "우리를" 둘레에 인용 부호를 사용합니다. 첫 번째 이유는 (고대) 바울과 현대 독자들이 쉽게 동일시되는 것을 피하기 위해서입니다. 두 번째 이유가 더 중요한데, 제 생각에 바울의 담화 속에서 때때로 누가 "우리"인지는 상당히 불분명합니다. "우리"는 오늘날 기독교 공동체라 불리는 이들로 한정되는 것일까요?(로마서 4:24-25의 내용을 감안하면, 5:1-11이 그렇게 보이기도 합니다), 아니면 그 너머의 인간 공동체 전체를 내다보고 있는 것일까요(5:12-21)? 이 책의 4장에서 이 문제를 더 자세히 살펴볼 것입니다.

체로 이방인이 맞는지, 혹은 유대인과 이방인으로 나누어지는지에 관한 논쟁이 계속되고 있습니다. 이 문제는 상당히 복잡합니다. 하지만 어떤 입장이든지 간에 당시 청중들이 바울이 한 묘사를 기분 좋게 받아들이지는 않았을 것입니다. 로마의 회중들 속에 있었던 유대인들은 아마도 회당에서 왔을 것이며, 예수를 하나님이 이스라엘에게 하신 약속—그들이 이미 약속의 일부이기도 합니다—의 연장선 혹은 성취로 이해했을 것입니다. 초기 이방인 신자들의 경우 본래 회당과 관계가 있었던 사람들이었다는 점은 거의 분명합니다.[26] 만일 그들이 완전한 개종자(proselytes)가 아니었더라도 적어도 하나님의 백성과 결부되어 있었을 것이며, 유대교(Judaism)의 뚜렷한 도덕적 가르침 때문에 분명 유대교와도 연결되어 있었을 것입니다. (그런 그들이) 자신들을 향해 (연)약하고, 경건하지 못한 죄인들, 심지어 하나님의 원수라고 하는 말을 들었다면, 아마도 당황스러움을 넘어 모욕적이라고 느꼈을 것입니다. 그렇다면 바울의 편지를 전달하고 낭독했을 뵈뵈를 향해서 누군가는 적대감을 표출했을 것이라 생각하는 것은 너무도 당연한 수순입니다. "자매님. 지금 누구더러 '죄인'이라 하는 겁니까?"

물론 바울은 5장의 초반 단락에서 다른 주제들도 이야기합니다. 하나님의 사랑 덕분에 그리스도인이 누리는 소망과, 특히 예수

---

26 Peter Lampe, *From Paul to Valentinus: Christians at Rome in the First Two Centuries*, trans. Michael Steinhauser, ed. Marshall D. Johnson (Minneapolis: Fortress, 2003), 69.

의 죽음이 지닌 은혜로운 성격에 관한 내용도 이야기합니다(후자에 관해서는 나중에 더 언급하겠습니다). 제가 지나치게 부정적인 언급을 하는 건지도 모르겠지만, 바울이 그러한 내용들을 담은 이유는 오로지 비교를 위한 목적으로 보입니다. 그러한 내용들이 그리스도인의 삶을 훨씬 더 탁월하게 보이도록 만들기 때문입니다(마치 "새롭게 개선된 제품"을 광고하기 위한 전략과 비슷하다고 할 수 있겠습니다). 그러나 이어지는 5:12-21에서는 그리스도인의 삶에 대한 묘사라고 할 만한 내용이 사실상 거의 나타나지 않습니다. 오히려 바울은 죄에 관한 이야기로 다시 되돌아옵니다. 그런데 이번에는 죄(Sin)가 죽음(Death)을 동반합니다. 죄와 죽음 모두 인간의 삶을 지배하는 권세들(powers)로 등장하고 있습니다.

로마서 5:12-21을 간략하게 요약하는 한 가지 방식은, 바울이 아담과 그리스도를 대조하고 있다고 말하는 것입니다. 하지만 이는 이야기의 일부일 뿐입니다.

> 죄가 세상에 들어왔고 또 그 죄를 통해 죽음이 들어왔습니다. 이와 같이 죽음이 모든 사람에게 들어왔습니다. (롬 5:12)

> 아담으로부터 모세까지 죽음이 왕으로서 통치했습니다. (롬 5:14)

이후 또다시 다음과 같은 내용이 언급됩니다.

한 사람의 범죄를 통하여, 죽음이 왕으로서 통치했습니다. (롬 5:17)

죄가 많아졌습니다. (롬 5:20)

죄가 죽음을 통해 왕으로서 통치했습니다. (롬 5:21)

로마서 6장은 바울이, 은혜에 대한 강조가 도덕적 해이로 이어질 수 있다는 염려를 다룬 것으로 알려져 있습니다. 대개 학자들은 바울이 그의 설교와 가르침이 반율법주의자(antinomian)와 같다는 비난에 맞서 반응하고 있는 것이라는 결론을 내립니다. 하지만 여기서에서조차 죄와 죽음은 계속해서 강력한 존재로 역할을 합니다.

죽음이 더 이상 그리스도를 지배하지 못합니다. (롬 6:9)

죄가 왕으로서 여러분의 죽을 몸을 지배하지 못하게 하세요.
(롬 6:12)

여러분의 지체들[몸의 일부]을 죄에게 불의의 무기로 내주지 마세요. (롬 6:13)

죄가 여러분을 지배하지 못할 것입니다. (롬 6:14)

여러분은 죄의 노예였습니다. (롬 6:17)

심지어 로마서 7장에서는 곤고한 "나"의 악명높은 독백과 함께 죄와 죽음이 계속해서 이야기를 지배합니다.

죄가 그 계명을 활동의 토대로 삼아 내 속에 온갖 탐욕(desire)을 일으켰습니다. (롬 7:8)

그 계명으로 말미암아 활동의 토대를 차지한 죄가 나를 속이고,
그 계명으로 말미암아 나를 죽였습니다. (롬 7:11)

나는 죄의 권세 아래에 팔렸습니다. (롬 7:14)

죄가 내 속에 삽니다. (롬 7:17)

로마서 8장 초반이 되어서야 비로소 이러한 흐름이 사라집니다. 8장에서 바울은 하나님께서 죄를 정죄하셨고 그 죄와 죽음으로부터 인간을 해방시키셨다고 선포합니다. 명확하고 간략하게 다시설명하자면, 5-7장을 통해 우리는 죄와 죽음이라는 이름의 초자연적인 권세들을 만나게 됩니다. 죄와 죽음은 아담의 불순종을 틈타서 세상으로 진출하고 스스로를 세상의 지배자로 내세웁니다. 죄

와 죽음은 모든 인간을 자신들의 지배 아래에 둡니다. 죄와 죽음은 심지어 하나님의 거룩한 율법을 가지고, (7장의 화자와 같이) 하나님의 율법을 사랑하고 그 율법에 순종하기로 헌신한 사람에게까지 율법을 사용할 수 있을 만큼 강력합니다(롬 7:8, 11). 이러한 죄와 죽음은 오직 예수 그리스도 안에서 이루어지는 하나님의 행위로만 무너뜨릴 수 있습니다.[27]

영화 트리 오브 라이프를 다시 한번 떠올려보면, 로마서 안에서도 줄거리가 낯선 관점으로 급변하는 것처럼 보인다고 말할 수 있습니다. 인간의 곤경과 그에 뒤따르는 하나님의 해결이라는 내러티브는 이미 1-4장에서 시작되었지만, 바울은 또다시 그 곤경으로 되돌아 온 것입니다. 그러나 이것은 단순히 강조를 위한 반복이 아닙니다. (5-7장에서) 바울이 묘사하는 곤경은, 앞서 죄와 구원에 관해 언급한 내용을 더 방대하고 더 복잡하며, 우주적인 차원에 속하는 용어들을 통해 확장시킨 곤경입니다. 더 이상 인류의 이야기는 하

---

27   Paul W. Meyer, "The Worm at the Core of the Apple: Exegetical Reflections on Romans 7," in *The Word in This World: Essays in New Testament Exegesis and Theology*, ed. John T. Carroll (Louisville: Westminster John Knox, 2004), 57-77. 또한 제가 쓴 다음의 자료를 참조하시기 바랍니다. "God Handed Them Over" and "The Cosmic Power of Sin in Paul's Letter to the Romans," in *Our Mother Saint Paul* (Louisville: Westminster John Knox, 2007), 113-35; "The Rhetoric of Violence and the God of Peace in Paul's Letter to the Romans," in *Paul, John, and Apocalyptic Eschatology: Studies in Honour of Martinus C. de Boer*, ed. Jan Krans, B. J. Lietaert Peerbolte, Peter-Ben Smit, and Arie W. Zwiep, NovTSup (Leiden: Brill, 2013), 61-75.

나님께서 예수를 희생제물로 보내실 때까지, 계속해서 죄를 짓는 이야기가 아닙니다. 어쩌면 우리는 로마서 3장까지가 그런 경우라고 생각할 수도 있습니다. 그러나 이야기는 이제 전쟁(conflict)과 노예 상태, 그리고 해방에 관한 이야기로 변모합니다. 이 뒤바뀐 이야기 속의 주체들은 곧 하나님과 예수 그리스도와 인간이며 또한 죄와 죽음이기도 합니다.

그 뒤로 더 많은 이야기가 펼쳐집니다. 잘 알려져 있다시피, 로마서 8장은 성령 안에서의 삶, 곧 그리스도와 함께 상속자가 되어 하나님을 아버지라 부르는 것이 가능해진 인간의 삶을 이야기합니다. 바울은 계속해서 모든 피조물이 구원을 고대한다고 주장하고 있습니다.[28] 바울은 자신 있는 목소리로 성령의 개입과 소망에 관해서 그리고 하나님께서 인간을 위해 이미 행하신 일에 대해서 이야기합니다. 이제 우리는 종말(eschaton)에 관한 논의를 보게 될 것이라 예상하게 되고—데살로니가전서 4장, 고린도전서 15장에서처럼—예수님의 승리의 귀환을 엿볼 수 있게 되리라 기대하게 됩니다. 바울은 모든 피조물이 구원을 고대한다는 주장과 함께 8장의 결말로

---

28 저는 바울이 사용하는 "피조물"이라는 용어는 인간을 제외한 피조물뿐만 아니라, 모든 인간도 포함한다고 생각합니다. 더욱이, 바울이 **코스모스**(Kosmos, 세상 혹은 우주로 번역되는 단어입니다 -역주)를 파스(pas, "모든 [모두]")와 함께 사용한다는 점은 로마서의 우주적인 범위를 강조합니다. 우리는 로마서에서 "모두"를 위한 하나님의 행위(롬 1:5, 16)뿐만 아니라, "모두"의 불순종과 죄에 관한 반복적인 언급들(롬 3:23; 5:18; 11:32)을 보게 됩니다(Gaventa, "Neither Height nor Depth," 266-69).

우리를 데려갑니다. 하지만 정작 로마서 8장의 결말은 예수님의 승리의 귀환을 다루는 대신에, 또다시 하나님과 하나님의 원수들 사이의 전쟁으로 되돌아갑니다.

"만일 하나님이 우리를 위하시면 누가 우리를 대적하겠습니까?"(롬 8:31). 바울은 계속해서 다음과 같이 말합니다. "누가 감히 하나님께서 택하신 자들을 고발하겠습니까? 바로잡으시는(make things right) 분이 하나님 아니십니까?"(롬 8:33). 그리고 이어서 다음과 같이 말합니다. "누가 감히 정죄하겠습니까? 죽으셨지만 오히려 살아나셔서, 하나님의 우편에 계시고, 우리를 위하여 간구하시는 분이 그리스도 아니십니까? 누가 우리를 그리스도의 사랑에서 끊을 수 있겠습니까?"(롬 8:34-35). (이에 대한 대답으로) 먼저 기근과 고난과 박해와 같은 상황들이 제시됩니다. 그러나 바울은 계속해서 다음과 같이 이야기합니다. "우리는 우리를 사랑하시는 그분으로 말미암아 이기고도 남습니다"(롬 8:37). 그리고 마침내 앞서 말한 상황들을 일으키는 권세들(powers)의 명단—죽음(Death), 생명, 천사들, 지배자들(rulers) 등(롬 8:38-39)—이 등장하고, 바울은 그 무엇도 그리스도 예수 안에 있는 하나님의 사랑에서 "우리를" 끊을 권세가 없다고 선언합니다.

제 관심사는 방금 살펴본 본문의 전반적인 의미 파악에 있기 때문에, 여기에서 각 용어에 대한 세밀한 검토까지 할 필요는 없을 것 같습니다. 우리는 이 이야기들이 일종의 트래쉬 토크(상대를 기 죽이고 모욕하는 말 -역주)라는 것을 인식할 필요가 있습니다. 바울은 인간이 겪는 모든 해로운 상황들을 보며, 그 이면에 하나님의 원수들의 활동이 있음을 알아차립니다. 그렇기에 바울은 하나님께서 최종적인 결정권(權)을 갖고 계심을 자신 있게 선포합니다. 그는 그 모든 권세들 앞에서 주먹을 휘두르며 말합니다. "그 어떤 권세도 그리스도의 권세에는 미치지 못한다." 일상적인 표현으로 바꾸면 아마도 다음과 같은 의미일 것입니다. "너희들은 다 끝났어."

이러한 내용은 편지의 말미에서 짧고 간결하게 재차 요약됩니다. 우리는 흔히 로마서 15장의 끝에서 읽는 것을 멈추기 때문에, 16장이 얼마나 중요한 부분인지를 보지 못한 채 지나치곤 합니다. (서론에서도 살펴봤지만) 길게 늘어진 16장의 인사말은 로마의 회중들에 대해서 많은 것을 밝혀줍니다. 그리고 인사 후 바울은 거짓 가르침에 대해 경고하고 다음과 같은 약속으로 결론을 내립니다. "평화의 하나님께서 속히 사탄을 여러분의 발 아래에서 박살낼 것입니다"(롬 16:20). 바울은 앞서 사탄을 언급한 적이 없지만, 여기서는 사탄이 하나님을 대적하고 하나님의 백성을 위협하는 모든 권세들의 약칭으로 나타납니다. 하나님께서 그 권세들을 무너뜨리실 것입니다. (여기서 '하나님이 주체'라는 점이 중요합니다. 하나님이 그런 일을 하시는 것이지 인간이 하는 것이 아닙니다!)

우리가 험준한 지형들을 너무 빠르게 이동한 것은 아닌지 모르겠습니다만, 핵심은 바울이 가진 구원에 대한 이해가 우주적이라는 것입니다. 구원은 죄와 죽음의 권세들로부터 인간을—그것이 개인이든 혹은 공동체이든—되찾기 위해 예수 그리스도 안에서 하나님께서 행하신 강력한 행위와 관련이 있습니다. 지금 인간이 처한 상황은, 단순히 (일부) 인간들이 잘못을 저질렀다거나, 이방인들이 하나님과 언약을 맺을 수 있게 되었다거나, 혹은 이스라엘이 압제로부터 해방되고 있다는 것이 아닙니다. 문제는 실제 권세들, 그중에서도 특히 중요한 죄와 죽음이 인간을 통치하고 있다는 점입니다. 하나님께서는 그들 권세를 깨부수기 위하여 예수의 죽음과 부활 가운데 개입하셨지만 ("하나님께서 [예수 그리스도의] 육신에 죄[Sin]를 정죄하사, 롬 8:3), 하나님과 권세들 사이의 싸움은 하나님의 최종적인 승리, 곧 피조 세계 전체의 구원 전까지 계속됩니다.

로마서 속 구원에 대한 이와 같은 이해는, 우리가 예수님의 죽음을 이해하는 데 있어서도 더 큰 틀이 필요함을 시사합니다. 십자가가 성취하는 것은 무엇일까요? 아니 더 구체적으로 말하자면, 십자가는 이 우주 차원의 전쟁에 있어서 어떤 역할을 하는 것일까요? 이 질문을 다루는 한 가지 전통적인 방식은 곧 바울에게서 대리적 (substitutionary) 희생(제물) 개념을 읽어내는 것입니다. 다시 말해서, 예수님은 하나님의 진노를 처리하는 희생 제물로서 인간을 대신하여 죽으셨다는 것이죠. 이러한 관점은 로마서 3:21-26에 상당히 의존하는데, 그곳에서 바울은 희생—하나님은 예수를 힐라스테리온(hilas-tērion) 혹은 "속죄소"(mercy seat)로 내주셨다—그리고 피와 관련된 용어를 사용하면서 "전에 지은 죄"에 대해 언급합니다.[29] 전통적인 관점은 또한 바울이 예수님께서 "우리를 위해" 죽으셨다고 기록한 구절들(롬 5:8; 8:31-32; 살전 5:10; 고후 5:21; 갈 3:13), 예수님이 "넘겨지셨다"고 기록한 구절들(롬 4:25; 8:32)에 의존합니다. 이 구절들 모두 중요한 표현들이지만, 예수님의 죽음을 다르게 해석하는 흐름도 존재합니다. 앞서 살펴봤듯이, 로마서 5:12-21에서 예수님의 (죽음에 이르기까지의) 순종은 중추적인 본문입니다. 그것은 하나님의 진노를 누그러뜨리는 데 있어서 뿐만 아니라, 죄와 죽음을 무너뜨리는 데 있어서도 구심점과 같은 역할을 합니다. 또한 로마서 6:9에서 바울은 "죽음이 더 이상 그리스도를 지배하지 못합니다"라고 말하고 있습니다. 이러한 본문들은 예수님의 죽음을 보다 큰 배경 위에 위치시키며, 그 배경 안에서 그분의 죽음은 순종의 희생(이는 로마서보다 히브리서에서 더 어울리는 용어입니다)을 의미할 뿐만 아니라, 또한 하나님과 하나님을 대적하는 권세들 간 싸움에서의 전환점을 의미하기도 합니다. 바울이 그리스도께서 "넘겨지지 않았다"가 아니라 "넘겨지셨다"(롬 4:25; 8:32)라고 기록한 것을 보면, 이러한 해석의 가능성이 분명해집

---

29 이 본문은 난해하기로 악명이 높습니다. 특히 다음의 자료를 참조하시기 바랍니다. Douglas Campbell, *The Rhetoric of Righteousness in Romans 3.21–26*, JSNTSup 65 (Sheffield: JSOT Press, 1992). 또한 이 본문에 대한 다음과 같은 탁월한 연구도 참조하시기 바랍니다. Charles B. Cousar, *A Theology of the Cross: The Death of Jesus in the Pauline Letters* (Minneapolis: Fortress, 1990), 36-43.

니다. 이 용어는 다른 중개자 혹은 권력자에게 물건이나 사람을 넘겨주는 군사적인 배경에서 널리 사용되는 용어이기 때문입니다.[30]

여기서의 제 목표가 예수님의 죽음에 관하여 바울이 가졌던 이해를 완전하게 설명해 내는 것은 아닙니다. 다만 가장 초기의 그리스도인 세대가 예수님의 죽음에 대해 이야기할 때, 그들은 그것을 다양한 방식으로 표현했으며, 바울 역시도 하나 이상의 방식으로 그분의 죽음을 표현했다는 점을 지적하고 싶습니다. 이를테면, 고린도서에서 예수님의 죽음은 인식론적으로 중대한 국면을 의미합니다. 그 죽음 위에서 인간의 왜곡된 가치관들은 어리석은 것으로 폭로됩니다(고전 1:18; 고후 5:17). 또 다른 본문들(특히 갈라디아서)은 예수님의 죽음이 사랑의 행위임을 이야기합니다(참조, 롬 5:8). 그뿐만 아니라 바울은 또한 예수님의 죽음을 우주적인 전쟁 안에서의 전환점, 다시 말해, 죄와 죽음을 향해 하나님의 최종적인 승리를 선언하고 약속하는 사건으로 이야기합니다. 바울이 죄와 죽음의 권세 아래 노예가 된 인간(사실상 모든 피조물)의 모습을 묘사한 것을 떠올려 보면, 그 권세들을 "기만하고" 패배시킬 수 있는 것은 결국 예수 그리스도의 강력한 죽음과 부활입니다. 이러한 장면은 고린도전서 2:8에

---

30 제가 쓴 글을 참조하시기 바랍니다. "God Handed Them Over," in *Our Mother Saint Paul*, 113-23, and "Interpreting the Death of Jesus Apocalyptically: Reconsidering Romans 8:32," in *Jesus and Paul Reconnected: Fresh Pathways into an Old Debate,* ed. Todd D. Still (Grand Rapids: Eerdmans, 2007), 125-45.

서도 엿보입니다. "이 세대의 권세들 가운데 그 누구도 알지 못했습니다. 만일 알았더라면 영광의 주를 십자가에 못 박지 않았을 것입니다"(고전 2:8). 하나님을 대적하는 권세들은 예수 그리스도를 십자가에 못 박음으로써 결국 그들 자신의 패배를 자초했습니다. 그들의 파괴적인 힘이 하나님이 가지신 부활의 힘에 미치지 못했기 때문입니다.

대다수 사람들은 구원을 공동의 작용(joint action)으로, 즉 구원이 "인간의 반응"을 요구한다고 생각합니다. 저는 아직까지 인간의 반응에 대해서나, 하나님의 행위가 가진 조건적인 성격에 관해서는 단 한 마디도 꺼내지 않았습니다. 하지만 여기서 잠시 바울의 어휘들 가운데 거의 혹은 전혀 나타나지 않는 두 단어를 언급하는 것이 유익할 것 같습니다. 바로 "회개"와 "용서"입니다. 실제로 로마서 2장에서 바울은 하나님의 자비(인자하심)는 회개로 이끌려는 목적을 갖고 있다고 선언합니다. 하지만 그 선언은 사실 자신은 회개가 필요 없다고 생각하는 사람들을 뒤흔들고 와해시키기 위한 그의 계획의 일부이자, 유대인과 이방인의 범주를 허무는 보다 큰 논의의 일부입니다. 그 외에 편지의 다른 어디에서도 바울은 인간이 회개를 할 필요가 있다거나, 회개를 했다거나, 회개를 할 수 있다고도 말하지 않습니다. 그리고 그 어디에서도 용서에 대해 말하지 않습니다. 제가 생각하기로 이처럼 (회개와 용서에 대해) 눈에 띄는 침묵이 나타나는 이유는, 바울이 인간의 문제를 각 개인의 회개나 용서의 차원보다 더 큰 맥락에서 보기 때문입니다. 이는 로마서 6장의 노예와 관련된 용어를 보면 더욱 분명해집니다. 노예는 노예 상태에서 벗어나려 회개할 수도 없고, 용서를 받을 수도 없습니다. 노예는 오직 해방될 수만 있을 뿐이며, 이것이 곧 바울이 사용한 용어입니다. 바울에게 구원은 단지 죄(sin)에 대해 용서받는 것으로 이루어져 있지 않습니다. 그에게 구원은 죄(Sin)의 권세로부터 해방되는 것입니다.

왜 이 문제가 중요할까요?

이러한 내용은 몹시 불편한 영역입니다. 무엇보다 오늘날 많은 서구인들이 죄와 관련된 용어에서 반감을 느끼고 있습니다. 이는 대개 죄라는 것이 개인의 결점 수준으로 축소되어 왔고 또한 엄격하고 비판적인 측면에서 소비되어 왔기 때문입니다. 물론 위선적인 측면에서 보는 것은 말할 것도 없고요. 무엇보다 바울이 (하나님께 대적하는 죽음을 비롯한 권세들과 함께) 죄(Sin)를 권세로 이해한 것은 이러한 불편함을 안화시키는 것이 아니라 오히려 악화시킵니다. 하나님께서 권세들과 싸우신다, 하나님께서 권세(힘)를 발휘하신다고 말하는 것은 더 많은 문제를 야기하고 있습니다.

우리 시대에서 "권세(power, [힘])"는 큰 불안감을 일으키는 용어입니다. 우리는 곧바로 힘의 남용, 힘의 불평등한 분배, 왜곡된 권세를 떠올리니까요. 물론 우리는 마땅히 그래야 합니다. 또한 하나님의 권세에 관한 주장들을 걱정하는 것도 마땅한 일입니다. 그 주장들은 언제든 쉽게 '우리가 곧 하나님의 권세(힘)의 대리자이며 또한 관리자이고 분배자이다'라는 주장으로 왜곡될 수 있기 때문입니다. 그러나 제가 방금 언급했던 권세에 대한 우려는 사실, 하나님이 아닌 다른 권세들(에 대한 저의 견해)과 연관되는 것입니다. 바울은 정말로 그러한 권세들을 믿었을까요? 그 권세들의 기원은 어떻게 될까요? 권세들의 존재론적 위치는 어디일까요? 권세들의 미래는 어떻게 될까요? 그리고 아마도 가장 중요한 질문은 다음과 같을 것입니다. 왜 우리가 그러한 (권세들에 대한) 주장을 심각하게 받아들여야 할까요? 바울이야 그렇게 생각했다고 하더라도, 우리는 그냥 계속해서 무시하면 안 될까요?

저는 바울의 주장이 우리에게도 아주 중요하다고 확신합니다. 알코올이 많은 사람들의 삶을 노예화시키는 영향력에 대해 잠시 생각해보세요. 마약이나 도박, 정신 질환은 또 어떤가요? 이러한 질병에 빠져 살거나 혹은 그와 유사한 상태로 사는 사람들은, 누군가에게 그저 그것을 거부하고 회개하라고 말하는 것이 실제로는 아무런 효과도 없다는 점을 잘 알고 있습니다. 이 질병은 사람을 노예로 사로잡는 힘을 갖고 있으며 그것은 오직 개입 즉, 강력한 간섭을 통해서만 무너뜨릴 수 있습니다. 이것은 결단코 정신 질환 혹은 중독으로 고통받는 사람들이 마귀에 사로잡혔다고 말하는 것이 아닙니다. 단지 실제적인 사례를 보여주기 위해 그러한 질병들을 언급하고 있는 것입니다. 물론 저는 분명히 공명하는 부분도 있다고 생각하지만요.

또 다른 비유를 들어보겠습니다. 바울이 인간의 삶이 하나님을 대적하는 권세들 아래 있다고 이해한 것은, 마치 소년병(child soldier)이 되어버린 아이가 겪는 공포에 대해 우리가 알고 있는 내용과 유사합니다. 세계 곳곳에서 어린 아이들이 본래 살던 마을에서 쫓겨나거나 혹 거리로 내몰리거나, 심지어 음식과 보호가 간절한 부모들에 의해 거래되기도 합니다. 그 아이들은 노예나 다름없습니다. 여자아이들은 부엌일에 동원되거나 성 노예가 되고, 남자아이들은 무기를 휘둘러야 하죠. 그저 미끼로 사용되는 것입니다. 또 많은 경우에 강제로 군인이 됩니다. 단순히 소년병이 되는 것에 그치지 않고, 결국은 또 누군가를 포획하고 이용하는 사람이 됩니다. 빠져나올 방법 따윈 없습니다. 대부분은 (본래) 가족이 파괴되고 대체된 상황이라서 벗어날 수 있는 희망조차 없습니다. 확고부동한 이데올로기에 생각마저 사로잡히게 되죠. 스스로를 도울 수도, 구할 수도 없습니다. 갈 곳도 없고요. 그들의 힘(권세)은 단지 자기 파괴적이며 또한 타인을 파괴하는 힘으로 채워져 있을 뿐입니다.[31]

---

31 Roméo Dallaire, *They Fight like Soldiers, They Die like Children* (New York: Walker, 2010). 일전에 캐나다군(Canadian Armed Forces)의 일원이었던 Dallaire는 격한 감정으로 소년병에 관하여 기록을 남겼습니다. 그는 전문적으로 훈련을 받은 군인들이 어린 아이들—훈련을 받진 않았지만 필사적이

소년병이 할 수 있는 거라곤 구조, 즉 구원을 기다리는 것뿐입니다. 아이들을 구원하기 위해서는 외부로부터 권세(힘)—사랑의 권세—가 와야 합니다. 바울이 우리에게 보여주고자 하는 것은 결국 "우리" 모두가 어떤 면에서는 이 소년병과 같다는 것입니다. "우리"를 노예로 만드는 권세들은 소년병을 휘두르는 권세들보다 잘 눈에 띄지 않습니다. 이러한 맥락을 고려해 볼 때 권세, 특히 자기 자신을 내어주는 구속의 권세(힘)에 대해 결코 거부감을 느껴서는 안 될 것입니다.

동시에, 바울이 호소하는 그 "권세(힘)"는 흔히 의미하는 (무언가를) 압도하고 파괴하는 힘이 아니며, 또한 인간의 군사력이 선사하는 "충격과 공포"와 같은 것도 아닙니다. 물론 로마서 16:20에서 바울이 그러한 용어를 사용하는 것은 사실이지만요(롬 16:20, "평화의 하나님께서 속히 사탄을 여러분의 발 아래에서 박살낼 것입니다"). 하지만 이러한 일을 행하시는 분이 바로 평화의 하나님이심에 주의해야 합니다. 이는 마치 죄와 죽음이 행하는 우주 차원의 지배, 그 무자비한 지배력을 깨부수는 것이 고난 받는 메시아의 (연)약함인 것과 같습니다.

제가 여기에 쓴 모든 말들은 검증될 수 있는 것이며 (종종 그래야 하고요), 다른 많은 학자들의 목소리도 담겨 있습니다. 하지만 여기서 저는 모든 내용을 검증하기보다는 그저 핵심을 언급하는 데 주력

며, 가볍고 강력한 무기로 무장된 아이들—을 적으로 마주할 때 느끼는 공포를 기록했습니다.

하고자 합니다. 구원에 대한 바울의 이해를 파악하는 데 있어서 어려운 점은, 복음의 광대함 속에서 그 복음을 들어보라고 말하는 바울의 요구입니다. 하나님께서 성취하신 일의 광대함은 "구원"이라는 단어가 일반적으로 시사하는 것보다 훨씬 더 크고 넓습니다. 물론 복음 안에서의 하나님의 행위가, 각 개인들의 삶 가운데, 곧 우리가 흔히 "영적인" 삶이라고 언급하는 영역을 향해서 말하는 부분도 분명히 존재합니다. 또한 하나님의 행위가 "영적인" 부분을 넘어 우리가 속한 모임의 회복에, 민족 집단 간의 화해에, 온갖 제국들이 충돌하는 현장에까지 이르는 것도 사실입니다. 하지만 만일 우리가 하나님의 권세(힘)가 "영적인" 영역에만 국한된다고 생각한다면, 그것은 하나님을 너무나도 협소하게 생각하는 것입니다. 따라서 우리가 또한 귀 기울여야 하는 것은 바울의 이해 곧 복음은 우주, 즉 피조 세계 전체—세계의 모든 곳과 인간 삶의 전 영역—를 아우른다는 점입니다.

그리고 이것이 바로 테렌스 맬릭의 **트리 오브 라이프**가 바울과 깊이 연결되는 지점이기도 합니다. 영화의 스토리와 바울의 편지 모두 기존의 뻔한 기대에서 벗어날 뿐만 아니라, 둘 모두 인간의 삶을 상상조차 할 수 없는 큰 배경 위에 올려둡니다. 그 결과로 로마서에 머물 때면, 우리는 언제나 지평을 바라보게 됩니다.

2장

로마서에 가면

아브라함을 떠올려 보세요

2장 로마서에 가면 아브라함을 떠올려 보세요

1982년, 해리 차핀(Harry Chapin)이 마흔 번째 생일을 몇 달 앞두고 교통사고로 사망하자, 작곡가로서 그에 대한 명성도 함께 오래전 사라졌습니다. 아마도 차핀은 "요람 속의 고양이"(Cat's in the Cradle)라는 곡으로 가장 잘 알려져 있을 것입니다. 그 곡은 자녀에게 행동한 대로 그 대가를 치르는 모습을 통렬하게 반성하는 곡입니다.[1] "요람 속의 고양이"와 같은 차핀의 많은 노래들이 중년으로 접어드는 사람들에게 관심을 두고 있지만, "꽃은 빨갛단다"(Flowers Are Red)라는 노래의 경우, 한 어린 소년이 자신의 머릿속에 떠오르는 것을 그리려는 열망을 담고 있습니다. 이 아이는 무지개색으로 꽃을 그리려고 하는데, 선생님들은 모두 안 된다고 말합니다. 선생님들은 "꽃은

---

[1]   "요람 속의 고양이"는 Sandy Chapin과의 협업 속에서 만들어졌습니다. Harry Chapin과 그의 노래에 대한 더 자세한 정보는 다음의 홈페이지를 참조하시기 바랍니다. http://www.harrychapinmusic.com

빨갛고, 잎은 초록색이란다"라고 고집합니다. 그렇게 아이와 선생님들 사이에 공방이 계속되다가, 마침내 소년은 교실에서 보다 열린 마음을 가진 선생님을 발견합니다. 그 선생님은 그림이 자유분방해도 괜찮으니, 그에게 보이는 대로 그리라며 격려합니다. 그러나 이제 아이는 항상 꽃을 칠해왔던 방식 외에, 다른 방식은 상상조차 할 수 없게 되어 버렸습니다. 배운 대로 커버린 것입니다.

성경을 읽을 때 우리 중 일부는 그 어린 소년과 비슷합니다. 우리는 질문들이 무엇인지를 이미 알고 있습니다. 그 말인즉슨 어떤 대답이 가능한지도 이미 다 알고 있다는 것입니다. 성경 본문을 해석할 때 겪는 어려움 중 하나는 우리보다 앞선 사람들로 인해 제약을 받는다는 점입니다. 대체로 우리는 앞선 사람들이 성경 본문에 제기했던 전통적인 질문들 안에서 사유합니다. (이러한 이야기를 꺼내는 것은) 그들을 비웃거나 혹은 풍요로운 성경 해석의 역사를 무시하고자 함이 결코 아닙니다. 우리에게는 다양한 대화 상대가 필요하니까요. 하지만 때로는 우리가 물려받은 질문들에 대해 비판적으로 성찰해보기도 해야 합니다. 그리고 그렇게 할 때에야 비로소 우리는 이전과는 다른 방식으로 질문과 대답을 사유하고 뒷받침하는 우리 자신의 모습을 발견하게 될 것입니다.

앞서 말한 제약 중 하나는 이스라엘을 향한 바울의 태도와 관련이 있습니다. 이 논의는 보통 이스라엘이 "율법주의적"(legalistic)

인지 아닌지,[2] 혹은 (흔히 교회로 이해되는) "영적" 이스라엘의 존재나 이스라엘의 종말론적 구원에 관한 질문에 초점을 두고 있습니다.[3] 이러한 질문들이 모두 잘못된 것은 아니지만, 이는 마치 맬릭의 영화 **트리 오프 라이프**에 나오는 슬픔에 잠긴 가족이 그 슬픔에 대한 상담을 받으려고 하는지 아닌지, 혹 그렇다면 어떤 종류의 상담을 받아야 하는지에 관해 묻는 것과 비슷합니다(본서 1장 참조). 그럼에도 그것이 잘못된 질문이 아니라고 말할 수도 있겠지요. (맞습니다) 영화가 창조와 종말 사이에 놓인 삶을 더 광범위하게 묘사한다는 점을 완전히 놓치고 있다는 점만 빼면 말입니다. 마찬가지로 로마서 9-11장을 읽는 전통적인 방식들은, 바울이 이스라엘에 관해 던지는 주요한 질문이, 결국에는 하나님에 관한 질문이라는 사실을 자주 놓치곤 합니다.

제가 이번 장에서 주장하는 바는 상당히 단순합니다. 어쩌면 믿기 힘들만큼 간단하다고도 할 수 있습니다. 제가 주장하는 바는 곧,

---

2 이 용어는 독자들이 고대 유대인의 마음에 접근할 수 있고 그들의 태도도 알 수 있다고 암시한다는 점에서 이미 문제가 있습니다.

3 로마서 9-11장의 논의를 지배하는 또 다른 질문은 '바울의 입장이 대체주의(supersessionism)가 맞느냐?'는 질문입니다. 일부 학자들은 어떤 이들의 로마서 주해가 대체주의를 따르고 있다고 비난하기도 합니다. 안타깝게도 대체주의는 이제 위협적인 단어가 되어버려서, 뚜렷한 정의 없이 그저 경멸적인 용어로 사용되곤 합니다. Kendall Soulen의 유익한 논의를 참조하세요. "Supersessionism," in *A Dictionary of Jewish-Christian Relations*, ed. Edward Kessler and Neil Wenborn (Cambridge: Cambridge University Press, 2005), 413-44.

로마서 속 바울에게 있어서 **이스라엘은 하나님의 피조물로서 하나님에게 속한다**는 것입니다. 이스라엘은 언제나 그리고 유일무이한 하나님의 피조물입니다. 이스라엘은 계속해서 하나님의 피조물로 남아 있을 것입니다. 심지어 종말에조차 말이지요. "이스라엘"은 유대인 신자와 이방인 신자들로 이루어진 어떤 "영적" 모임 혹은 교회를 가리키는 용어가 아닙니다. 이 용어는 우리가 보통 "민족"(ethnic)으로서의 이스라엘을 부르는 것과 유사하지만, 바울은 이스라엘을 민족이라는 실체로 다루지 않습니다. 그 대신 바울은 창조와 구속이라는 측면에서 이스라엘을 다룹니다. 우리가 이스라엘을 생각할 때, 이스라엘의 믿음이나 이스라엘의 (불)순종과 연결지어 생각하고 있다면, 바울이 이스라엘에 관해 던지는 질문을 너무 협소하게 해석하고 있는 것입니다. 바울에게 있어서 이스라엘에 관한 질문은 불가항력적으로 하나님에 관한 질문—하나님의 창조와 하나님의 구속에 관한 질문—이 되니까요.

제2차 세계대전 이전 시기 동안 로마서를 해석해 온 수많은 사람들에게는, 하나님과 이스라엘에 관한 질문은 로마서 안에서 사소한 영역에 불과했습니다. 이를테면, 1902년, 로마서『국제비평주석』(International Critical Commentary)을 낸 윌리엄 샌데이(William Sanday)와 아서 헤들램(Arthur C. Headlam)은 그 책에 다음과 같이 기록해 놓았습니다. 로마서 8장 말미에서 바울은 "자신의 **주요한 논의**를 마무리했다. 복음에 대한 자신의 개념을 상세히 설명했다. 하지만 문제는 여전히 남아있었고, 신중한 독자들에게는 그 문제가 드러나지 않을 수 없었다 … [즉, 이스라엘의 운명]에 대한 문제 말이다."[4] 1930년 대 초 C. H. 다드(Dodd)는 로마서 9-11장은 별도로 떨어진 부분이며, "이 주제를 새롭게 다루는 데 소비되는 시간과 에너지를 아끼기 위해서, 앞선 시기에 기록된 부분이 이곳에 대거 편입된 것이다"라고 주장했습니다.[5] 심지어 비교적 최근인 1979년에 로빈슨(John A. T. Robinson)도, 로마서 9-11장이 "편지 전반부의 주제들과 밀접한 관련이 있음"을 인정하면서도 결국 그 부분을 "보충 설명"(excursus) 정도로 설명했습니다.[6]

그러나 1800년대까지 거슬러 올라가보면, 독일의 학자 F. C. 바우어(Baur)의 경우 이 부분을 "(편지)전체의 중심이자 **핵심**이며 다른 모든 내용은 단지 그에 첨가된 것일 뿐이다"라고 주장했습니다.[7]

---

4   William Sanday and Arthur C. Headlam, *A Critical and Exegetical Commentary on the Epistle to the Romans*, 5th ed., ICC (Edinburgh: T&T Clark, 1902), 225. (강조 표시 덧붙임).

5   C. H. Dodd, *The Epistle of Paul to the Romans*, MNTC (1932; repr., London: Collins, 1959), 150.

6   John A. T. Robinson, *Wrestling with Romans* (Philadelphia: Westminster, 1979), 109.

7   Ferdinand Christian Baur, *Paul, the Apostle of Jesus Christ, His Life and Works, His Epistles and Teachings: A Contribution to a Critical History of Primitive Christianity*, trans. A. Menzies and E. Zeller, 2nd ed. (London: Williams & Norgate, 1873-75), 327.

그리고 이 소수의 견해는 최근 수십 년간 주류 견해가 되었습니다.[8] 바울 학계 안에서 지난 수십 년 동안 좀처럼 합의가 이뤄지지 않은 부분 중 하나가 바로, '9-11장이 과연 로마서에서 꼭 필요한 부분이 맞느냐?'는 것이었습니다. 하지만 로마서 9-11장은 그저 동떨어진 부록, 차후에 덧붙여진 부분이 아닙니다. 실제로 어떤 면에선 9-11장이 편지 전체의 핵심이 되기도 합니다. 벤 위더링턴(Ben Witherington)과 달린 하이어트(Darlene Hyatt)는 9-11장을 전체 논증의 "절정"이라고까지 표현했습니다.[9] A. 캐서린 그리브(Katherine Grieb) 역시 로마서 논지의 "진짜 중심"이라고 말하기도 했고요.[10]

다소 과장 섞인 이러한 선언들은 이전 세대들의 주장을 경시하는 진자 운동의 반대편 끝에 서 있습니다. 물론 이 선언들이 하나님과 이스라엘 사이의 관계가 로마서에서 중요한 주제라고 주장한 것은 옳습니다. 하나님과 이스라엘의 관계는 단지 사소한 주제에

---

8   Mark Reasoner는 9-11장을 로마서에서 없어서는 안 될 부분으로 보는 최근
    의 학계 트렌드는 "그간의 해석 역사에 있어서 깜짝 놀랄만한 변화"라는 점
    을 정당하게 지적합니다("Romans 9-11 Moves from Margin to Center, from
    Rejection to Salvation: Four Grids for Recent English-Language Exegesis," in
    Between Gospel and Election: Explorations in the Interpretation of Romans 9–11,
    ed. Florian Wilk and J. Ross Wagner, WUNT 257 [Tübingen: Mohr Siebeck,
    2010], 79).

9   Ben Witherington III and Darlene Hyatt, *Paul's Letter to the Romans: A Socio-
    Rhetorical Commentary* (Grand Rapids: Eerdmans, 2004), 244.

10 A. Katherine Grieb, *The Story of Romans: A Narrative Defense of God's
    Righteousness* (Louisville: Westminster John Knox, 2002), 87.

불과하다는 생각을 관철하려는 독자라고 할지라도, 성경이 이스라엘에 관하여 다양하게 가르치고 있다는 점과, 그리스도인들의 언어와 행위상의 관습들이 반-유대주의(anti-Judaism)라는 공포에 기여해왔다는 점은 최소한 직시할 수 있어야 합니다.

나름의 예비 단계

구체적으로 로마서 본문으로 들어가기에 앞서, 몇 가지 조건들이 제대로 갖추어져야 합니다. 먼저 우리의 목적을 위해서 토라(To-rah), 즉 모세의 율법에 대한 바울의 입장을 묻는 질문과, 이스라엘에 관한 바울의 입장을 묻는 질문을 구별하는 것이 중요합니다. 바울이 이스라엘에 대해 말하게 될 내용의 경우, 그가 로마서 1-8장에서 율법에 대해 말해왔던 내용(그리고 9-11장에서 율법에 대해 말하게 될 내용)에 의존하지 않을 수도 있습니다. 또한 바울이 율법에 대해 말하는 내용이, 반드시 그가 이스라엘에 대해 말하는 내용에 따라 결정되는 것도 아닙니다. 최소한 로마서 안에서 율법에 관한 바울의 언급들 중 일부는 영리하게도 쉴 틈(clever distraction)을 제공합니다. 바울은 로마서 곳곳에서 이런저런 방식으로 자신의 주장을 잘라내는데, 그로써 청중들은 경계심을 풀게 됩니다. 이를테면, 로마서 3:31에서 바울은 자신이 율법을 훼손(파기)하는 것이 아니라, 도리어 지지하는 것이라고 주장합니다. 하지만 바로 이어서 그는 아브라함에게 주어진 언약은 율법을 통해서 주어진 것이 아니며(롬 4:13), 또한 율법은 진노를 낳는다고 주장합니다(롬 4:15).

우리는 또한 바울이 이스라엘의 성경—이것은 물론 바울의 성경, 바울이 알고 있었던 유일한 성경을 가리킵니다—에 대해 해석한 내용과, 그가 이스라엘에 관해 말한 내용을 구분할 필요가 있습니다. 다른 어느 편지보다도 특별히 로마서 안에서, 바울은 이스라엘의 성경(Scriptures)을 창조적으로—때로는 신비스럽게—읽는 방식에 참여하고, 그 방식을 활용하며 또한 그것에 의존합니다.[11] 하지만 이스라엘의 성경에 대한 그러한 의존과 관계 자체가, 반드시 바

---

11 바울의 성경 해석 방식을 다루는 학자들의 연구가 늘어나고 있습니다. Richard B. Hays, *Echoes of Scripture in the Letters of Paul* (New Haven: Yale University Press, 1989); Hays, *The Conversion of the Imagination: Paul as Interpreter of Israel's Scripture* (Grand Rapids: Eerdmans, 2005); J. Ross Wagner, *Heralds of the Good News: Paul and Isaiah in Concert in the Letter to the Romans*, NovTSup 101 (Leiden: Brill, 2002); Francis Watson, *Paul and the Hermeneutics of Faith* (London: T&T Clark, 2004); Dietrich-Alex Koch, *Die Schrift als Zeuge des Evangeliums: Un-tersuchungen zur Verwendung und zum Verständnis der Schrift bei Paulus*, BHT 69 (Tübingen: J. C. B. Mohr [Paul Siebeck], 1986); Christopher D. Stanley, *Paul and the Language of Scripture: Citation Technique in the Pauline Epistles and Contemporary Literature*, SNTSMS 74 (Cambridge: Cambridge University Press, 1992); Stanley, *Arguing with Scripture: The Rhetoric of Quotations in the Letters of Paul* (New York: T&T Clark, 2004). 관련 주제에 접근하는 유용한 연구로는 다음의 자료를 참조하시기 바랍니다. J. Ross Wagner, "Paul and Scripture," in *The Blackwell Companion to Paul*, ed. Stephen Westerholm (Oxford: Wiley-Blackwell, 2011), 154-71.

울이 가진 이스라엘 이해에 관하여 무언가를 말해주는 것은 아닙니다. 바울이 이스라엘의 성경과 함께 글을 쓰고, 이스라엘의 성경과 함께 복음을 생각한다는 사실이, 그가 이스라엘에 대해 동정적인 입장이라거나, 혹은 적대적인 입장이라는 것을 말하진 않습니다. 바리새파와 에세네파 역시 이스라엘의 성경에 깊이 몰두했지만, 이스라엘에 대한 그들의 견해는 사뭇 달랐으니까요.

아마도 가장 중요한 점은, 이스라엘에 대한 바울의 가르침과 현대 기독교의 가르침을 구별―구별은 하되 분리시키지는 말아야―할 필요가 있다는 것입니다. 성경을 구성하는 많고 다양한 합창(단) 속에서 바울 역시 하나의 목소리일 뿐이며, 그리스도인에게는 합창(단) 전체의 소리를 들어야 할 의무가 있습니다. 또한 현대 이스라엘 국가에 관한 질문과 문제가 뒤섞인 복잡한 그물로부터, 이스라엘에 대한 바울의 가르침을 꺼내어 구별하는 것도 중요합니다. 물론 바울이 공적인 영역에서 그리스도인이 갖는 책임, 특히 중동과 관련된 책임을 성찰하는데 기여할 수도 있을 것입니다. 하지만 그러한 기여가 오로지 로마서 9-11장에서만 발견될 수 있는 것은 아닙니다. 제가 하고자 하는 말은 결국, 바울의 경우 현대 이스라엘 국가를 상상조차 할 수 없었을 것이므로, 그가 사용하는 명사 "이스라엘"이 (현대) 이스라엘 국가와 혼동되어서는 안 된다는 점입니다. 그럼에도 불구하고 로마서에 표현된 하나님의 피조물(인간과 여타 피조물)에 대한 존중은 분명, 하나님의 백성 모두의 평화와 번영―(상당히 축소된 차원에서) 개인의 안전을 포함하여—을 향한 열망을 드러내는 방대한 성경의 증거들 중 하나입니다.

아브라함에 관한 특별한 이야기: 로마서 4장

하나님과 이스라엘의 관계에 대한 바울의 언급은 로마서 9-11장에서 정점에 이르게 되지만, 이미 앞서 예견된 것이기도 합니다. 바울은 극히 초반부터 그리스도 예수께서 다윗의 혈통에서 태어나셨다는 점과(롬 1:3), 복음은 먼저 유대인을 향한 것이라는 점을 분명히 밝힌 바 있습니다(롬 1:6). 이 책의 1장에서 언급했듯이, 로마서 2장에서 바울은 유대인과 이방인의 범주들을 와해시켰습니다. 이를테면, 2:12-16에서는 이방인 개념, 곧 율법을 받지 못했으나 그럼에도 율법을 지키는 이방인을 언급하는 반면에, 17-24절에서는 율법을 가지고 있고 자랑도 하지만 율법을 지키지는 않는 유대인이 있을 수 있다는 가능성을 내비칩니다. 이것은 전통적인 경계선을 흐릿하게 만드는데, 25-29절에서는 무할례가 할례가 될 수 있고, 할례가 무할례가 될 수 있다고 주장하면서 그러한 해체 작업을 가속화합니다. 이러한 상황에서 과연 유대인(이 된다는 것)에 유익이 있을까요? 당연히 그 대답은 "아니요"가 될 것 같지만, 바울은 정확히 그 반대로 대답합니다. 유대인에게는 "말씀" 곧 "하나님의 "계시"가 주어졌으며(롬 3:2), 인간이 신실하지 못할 때조차도 하나님은 신실하시다고 이야기합니다.

하나님께서 유대인들에게 그분의 말씀을 맡기셨다는 것에 관하여 바울이 정확히 의미하는 바는 9-11장에서 재차 다루어집니다. 그 의미가 무엇이든지 간에, 그 맡기심이 죄를 짓는 일로부터 유대인들을 면제해주는 것은 아닌 데다가, 3:3-20은 모두가 "죄의 권세 아래에"(롬 3:9) 있다고 가차없이 단정짓고 있습니다. 또한 세계 전체가 하나님의 심판 아래에 있다고 말하기도 하고요(롬 3:19).

로마서 3장 말미에서, 바울은 하나님은 유대인만의 하나님이 아니라 이방인의 하나님이기도 하시며, 또한 그분은 유대인과 이방인 모두를 위하여 동일한 방식으로 모든 것을 바로잡으시는(make things right) 분(이는 흔히 "의롭게 하다"[justifies]로 번역됩니다)이심을 청중들에게 상기시킵니다. 여기에는 능수능란한 논쟁 기술이 담겨져 있습니다. 이방 기독교의 후예인 우리는 그것을 의식하더라도 보통 무감각하게 지나치곤 합니다. 물론 하나님이 이방인의 하나님일 뿐만 아니라 유대인의 하나님이시기도 하다는 점은 틀림이 없습니다. 하나님은 모두의 창조주이시기 때문입니다. 하지만 이처럼 (하나님이 한 분이시라면, 하나님은 모두를 다스리는 분이어야 한다는) 합의된 견해를, 바울은 '모든 유대인들이 받아들여지는 것은 아니다'라는 결론으로까지 밀어붙입니다. 이는 곧 하나님은 유대인이든 이방인이든 **동일하게 대하신다**고 주장하는 것이기도 합니다.[12] 로마서 4장의 아브라

---

12 Terence L. Donaldson은 하나님의 공평하심(공정성)은 구약성경을 비롯한

함에 관한 논의에서, 바울은 그러한 주장을 완전히 모욕적일 수 있는 결론으로까지 확장시킵니다.

로마서 4:1은 번역하기 까다롭기로 악명이 높습니다. NRSV성경은 아브라함을 구도자(잠재적 신자)로 보며 전통적인 견해를 대변합니다. "그러면 우리의 조상인 아브라함이 육신을 따라 무엇을 얻었다고 우리가 말할 수 있겠습니까?"(롬 4:1). 이와 유사하게 다른 번역들(이를테면 KJV, NIV, NASB) 역시 아브라함을 가리켜 무언가를 "찾거나" "얻은" 사람으로 여기곤 합니다. 하지만 이와 달리 또 어떤 학자들은 그 질문이 실제로는 아브라함과 관련해서 "우리가" 찾게 되는 내용과 관련이 있다고 주장하기도 합니다. "우리는 육신을 따라 아브라함이 우리의 조상됨을 찾아냈습니까?"[13] 어떤 번역이든지 간

문헌들에서 발견되는 주제임을 지적합니다(참조. 시락서 35:15-16; 희년서 5:16; 21:4; 30:18; 바룩2서 44:4; 욥의 유언 43:13). Donaldson에 따르면, "하나님의 공평하심은 명백합니다. 부정적인 측면에서 보면, 온 세계가 차별(차이) 없이 죄에 대한 책임이 있다는 점에서 명백하고(롬 3:19), 긍정적인 측면에서 보면, 하나님의 의가 차별 없이 모두에게 가능하다는 점에서 명백합니다(롬 3:22). 바로 이 지점에서—공평하심에서 이방인의 구원으로 옮겨가는 것이 아니라, 죄가 율법이 가진 전통적인 언약 기능을 무효화하는 데 사용된다고 말하는 중산 성도의 움직임이 나타나는 지점에서—바울이 유대인의 공리(하나님의 공평하심)와, 언약적 율법주의(covenantal nomism)에 대한 기본적인 확신을 충돌시킨다고 말할 수도 있습니다"(*Paul and the Gentiles: Remapping the Apostle's Convictional World* [Minneapolis: Fortress, 1997], 93).

13 Richard B. Hays, "'Have We Found Abraham to Be Our Forefather according to the Flesh?' A Reconsideration of Romans 4:1," *NovT* 27, no. 1 (1985):

에, 그 질문은 **아브라함**이 곧 논의의 중심에 서게 될 것을 시사합니다. 물론 수많은 유대 문헌, 초기 기독교 문헌들이 아브라함에게 상당한 관심을 기울인 것을 감안해보면, 놀랄 일은 아니긴 합니다. 하지만 뒤이어 나오는 내용은—아브라함에 관해 **말하는 부분도, 말하지 않는 부분도**—모두 상당히 놀랍습니다.

일종의 비유로 여러분이 또 다른 아브라함, 곧 아브라함(에이브러햄) 링컨에 대한 새로운 전기를 읽게 되었다고 상상해봅시다. 여러분은 흥미를 느끼고 읽기 시작하다가 이내 무언가를 발견하고 놀라게 됩니다. 그 전기는 반복적으로 링컨을 첫 번째 공화당 대통령으로, 또 오늘날까지 이어지는 공화당 지도자 계열의 창시자로 묘사하는 반면, 그의 궁핍한 어린 시절이나, 그가 노예 해방 선언문을 발표한 것에 대해서는 어떠한 언급도 하지 않기 때문입니다. 여러분은 분명 저자가 어떤 이상한 일을 꾀한다고 의심하게 될 것입니다. 이와 유사하게, 바울은 아브라함 이야기를 재구성하면서 무언가를 꾀하고 있는 것처럼 보입니다.

먼저, 로마서 4장에서 바울은 하나님을 향한 아브라함의 믿음과 신뢰를 반복적으로 이야기하는데, 정작 아브라함의 순종에 대해서는 어떠한 언급도 하지 않습니다. 하지만 사실 바울이 의존하고 있는 그 창세기 이야기는 역설적으로 아브라함의 순종을 강조

76-98; T. Zahn, *Der Brief des Paulus an die Römer* (Leipzig: Deichert, 1910), 21.

합니다. 하나님의 말씀에 따라 아브라함은 일체의 망설임도 없이 짐을 싸 하란을 떠나 가나안으로 옮겨갑니다(창 12:4). 또한 하나님의 말씀에 대한 반응으로 할례를 받고, 이어서 그의 집 남자들에게도 할례를 행합니다(창 17장). 그리고 하나님의 명령에 따라 자신의 아들 이삭을 희생 제물로 바치기까지 그분께 순종합니다(창 22장). 따라서 아브라함의 순종이 제2성전기 유대 문헌들 가운데 두드러지게 나타났던 것은 당연한 수순입니다. 이를테면, 이스라엘의 조상들을 향한 시락(Sirach)의 칭송은 아브라함을 다음과 같이 요약합니다.

> 아브라함은 수많은 민족의 위대한 조상이었으며, 영광 중에 그와 같이 발견된 이는 아무도 없었습니다. 그는 지극히 높으신 분의 율법을 지켰고 그분과 언약을 맺었습니다. 그는 그의 육신에 언약을 새겼으며 시험 가운데서도 충실함을 드러냈습니다. 그리하여 주님께서는 그에게 맹세하여 약속하시기를 민족들이 그의 자손을 통해서 복을 받을 것이라고 하셨습니다. (시락서 44:19-21상 NRSV; 지혜서 10:5; 마카비1서 2:52; 마카비4서 16:20)

초기 기독교 문헌들도 아브라함의 순종에 관하여 유사한 주장을 펼칩니다. 사도행전에서 스데반이 아브라함을 언급하는 내용을 보면 거의 전적으로 하나님의 약속에 초점을 두고 있긴 해도, 분명히 아브라함에게 하나의 (순종)행위―하나님의 명령에 따라 메소포

타미아에서 하란으로 이동한 것—를 돌리고 있습니다(행 7:3-4). 히브리서의 경우에도 "믿음으로 아브라함은 순종하여…"(히 11:8)라고 소개합니다. 더 많은 전승을 살펴봐도, 아브라함의 믿음이 그가 보여 준 (옮겨가라는 부르심, 할례의 명령, 이삭을 희생 제물로 바치라는 말씀에 대한) 순종과 동등하게 여겨지고 있습니다. 그런데 바울은 이러한 모티프에 침묵하고 있습니다. 이는 마치 짖지 않는 개와 같이 확실히 눈에 띄는 특징이라고 할 수 있습니다.

바울은 아브라함의 순종에 관하여 침묵합니다. 그뿐만 아니라 (어쩌면 로마서 4:1이 암시하는 것처럼) 아브라함을 이스라엘의 생물학적 조상으로 규정하기보다는, 오히려 그를 할례 받지 않은 이방인과 끈질기게 연결시킵니다.[14] 로마서 4:9에서는 "행위들(works) 없이"(롬 4:6) 주어지는 하나님의 복에 관하여 얼핏 순진해 보이는 질문을 던짐으로써, 그러한 연결을 시작합니다. "하나님의 복이 할례자에게 주어지는 것입니까 아니면 무할례자에게 주어지는 것입니까?"(롬 4:9). 앞서 시편 32:1-2(칠십인역 31:1-2)이 인용된 4:7-8의 좁은 문맥에서 보면 4:9이 일반적인 질문인 것처럼 보이기도 하지만, 4:9 후반부와 4:10을 유심히 살펴보면 이 질문이 실은 아브라함에 관한 질문임을 분명하게 알 수 있습니다. 즉, 바울은 "아브라함이 하나님의

---

14   이것을 뒷받침하기 위해서 바울은 아브라함과 죄를 연결시킵니다. 적어도 4:5은 아브라함이 경건하지 않은 자들 가운데 있음을 내비치고 있습니다. 또한 7-8절에서 바울이 인용하는 시편 본문은 "죄가 가려진 사람[아브라함]은" 복이 있다고 선포하고 있습니다.

복을 받을 때, 그가 할례자였습니까 아니면 무할례자였습니까?"를 물은 것입니다. 바울은 다음과 같이 말했습니다.

> 아브라함에게는 믿음이 그의 바로잡힘(rectification)으로 여겨졌습니다. 그러면 그것이 어떻게 여겨졌습니까? 그가 할례자였습니까 무할례자였습니까? 그는 할례를 받지 않았고 무할례였습니다.
>
> (롬 4:9[하]-10)

4:11은 이 주장을 더욱 뒷받침해 줍니다. "아브라함이 할례의 표(sign)를 받은 것은 **그가 여전히 무할례자였을 때** 받은 믿음의 바로잡힘을 확증하는 것입니다. 이는 그가 할례를 받지 않은 모든 신자들의 조상이 되게 하려는 것입니다"(롬 4:11). 바울이 로마인들에게 "아브라함도 할례를 받기 전에는 무할례자"였다는 점을 설명하는 것을 볼 때, 우리는 바울이 그저 아브라함의 할례를 연대표(timeline) 위에 올려 두려는 목적이 아님을 알게 됩니다. 바울은 그 사실을 강조하고 있습니다. 바울은 4:12에서 아브라함을 "할례자의 조상"으로 인정하긴 하지만, 그 즉시 아브라함이 "할례받은 자만의 조상"은 아니라고 주장함으로써 그것을 누그러뜨립니다. 창세기 이야기가 아브라함이 별과 같이 수많은 자손을 갖게 될 것이라고 약속하고 있긴 하지만(창 15:5; 22:17; 26:4. 참조, 출 32:13; 신 1:10; 10:22; 28:62; 대상 27:23; 느 9:23; 시락서 44:20-21; 아사랴의 기도 1:12-13), 그럼에도 이방인의 상속(유산)에

그렇게나 우선권이 주어지는 것을 보게 되는 것은 이례적인 일이라고 할 수 있습니다.[15]

이 단락이 특별한 또 다른 이유는 바울이 언약 자체를 전혀 언급하지 않는다는 것입니다. 로마서 4:11을 다시 주목해봅시다. 아브라함이 "할례의 표를 받은 것은 믿음의 바로잡힘을 확증하는 것입니다"(롬 4:11). 여기서 바울은 창세기 17장에 있는 아브라함의 할례 이야기에 의존하고 있습니다만, 그 이야기는 사실 반복적으로 하나님과 아브라함 사이의 언약을 언급하고 있습니다. 할례 자체가 "나(하나님)와 너희 사이의 언약의 표시"(창 17:11)이지요.[16] 바울은 "언약"(covenant)이라는 용어를 (이곳을 비롯한 다른 곳에서도) 드물게 사용하는

---

15 Terence L. Donaldson, *Judaism and the Gentiles: Jewish Patterns of Universalism (to 135 CE)* (Waco: Baylor University Press, 2007), 499; Donaldson, *Paul and the Gentiles*, 126-28. 또한 바울은 아브라함의 후손에게 주어진, 땅과 관련된 약속은 전혀 언급하지 않습니다. 이것은 바울이 로마의 청중들—이스라엘 땅에 거의 혹은 전혀 관심이 없는 다수의 이방인들이 포함된 청중들—에게 편지를 쓰고 있다는 점을 감안하면 이해가 됩니다.

16 사실 많은 학자들이 바울을 언약의 신학자로 쉽게 이야기하곤 하지만, 사실 그 단어는 바울의 편지들 가운데 아주 드물게 나타납니다(롬 9:4; 11:27; 고전 11:25; 고후 3:6, 14; 갈 3:15, 17; 4:24에서만 나타납니다). 그러한 침묵이 결정적인 요소는 아니지만 그럼에도 학계에서 자주 간과되는 부분을 지적하기엔 충분할 것 같습니다. 다음과 같은 중요한 자료를 참조하시기 바랍니다. Francis Watson, "Is Paul a Covenantal Theologian?," in *The Unrelenting God: God's Action in Scripture; Essays in Honor of Beverly Roberts Gaventa*, ed. David J. Downs and Matthew L. Skinner (Grand Rapids: Eerdmans, 2013), 102-18.

데, 이것이 하나님께서 언약을 포기하셨음을 암시하는 것은 아닙니다. 어쩌면 바울이 "약속"(promise)이라는 용어를 더 선호한다는 점이 드러나고 있는 것일 수도 있습니다(롬 4:13-14, 16, 20, 참조. 갈 3-4). 이 단락에서 약속이라는 단어는 씨, 즉 후손에 초점을 두고 있습니다. 로마서 4장에 나타나는 약속과 관련하여 중요한 것은, 하나님께서 그 약속을 주셨다는 점, 아브라함이 그 약속을 믿음으로 받아들였다는 점, 그리고 그것이 후손(특히 이방인 자손을 포함)과 관계가 있다는 점입니다. 이삭은 등장하지도 않고, 아브라함의 다른 후손들도 나타나지 않고 있는데 말이죠. 그 대신 아브라함이 믿었던 약속으로부터 (바울이 살던) 현 시기에 이르기까지, 역사적으로 엄청난 도약이 이루어집니다.

이와 같은 (아브라함이 살던) 과거로부터 (바울이 사는) 현재로의 도약은 4:17에서 극적으로 나타납니다. 로마서 4:17은 다음과 같은 창세기 17:5을 인용하며 시작됩니다. "내가 너[아브라함]를 여러 민족[이방인들]의 아버지가 되게 함이니라"(창 17:5). 바울은 그 약속 가운데 아브라함이 "죽은 자를 살리시며, 없는 것을 있는 것으로 부르시는 하나님을 믿었습니다"(롬 4:17)라고 묘사합니다. 어떻게 보면 하나님에 대한 이러한 묘사는 이삭의 탄생 이야기와 잘 들어맞아 보입니다. 이삭은 하나님이 그를 존재로 부르시기 전에는 존재하지 않았으니까요. 실제로 바울은 얼마 안 가 아브라함과 사라 모두 너무 나이가 들어서 사실상 죽은 것이나 다름 없었다고 말하기도 합니다(롬 4:19). 하지만 바울에게 있어서 앞서 말한 하나님에 대한 묘사는, 하나님께서 예수 그리스도를 죽은 자 가운데서 일으키신 것과 가장 잘 들어맞습니다. 이것은 4:24에서 확인이 되는데, 그곳에서 바울은 아브라함을 향한 말씀이 또한 "예수 우리 주를 죽은 자들 가운데서 살리신 이를 믿는"(롬 4:24) 사람들에게도 해당된다고 분명히 밝히고 있습니다. 만약에 이스라엘의 역사에 대해서 우리가 가진 자료가 단지 로마서 4장뿐이었다면, 아브라함과 사라의 시간 그리고 바울과 로마의 청중들의 시간 사이에서는 **아무런 일도 없었다**는 생각이 들었을 것 같습니다.

어쩌면 바울은 그저 청중들이 차후 이야기 전체를 알게 될 것이고 또한 자신이 생략한 부분을 보충함으로써 그가 간단히 요약해서 전달한 내용을 밝혀낼 것이라 생각한 것 같습니다.[17] 만일 청중들이 성경을 알았다면, 적어도 아브라함 이야기의 일부 내용—이를테면, 아브라함의 언약이나 아브라함의 순종, 그리고 아브라함을 통해 이스라엘이 세워지는 내용—이라도 알았다면, 그들은 어린 시절과 노예 해방 선언을 건너뛴, 링컨의 전기를 읽은 독자들과 상당히 비슷한 입장이 되었을 것입니다. 아마도 바울의 독특한 서술(화법)을 놓고 깊이 숙고하게 되었을 것입니다.

---

17 이것은 현대 바울 학계에서 지적되는 골칫거리 중 하나입니다. '바울의 청중들은 성경을 알고 있었는가?', '바울은 성경을 인용하고 암시하면서 그것을 듣게 될 청중들에게서 무엇을 기대했는가?'와 같은 질문들이 그 예라고 할 수 있습니다. 각주 11번을 참조하시기 바랍니다.

보통 바울이 이처럼 독특하게 아브라함의 이야기를 전하는 이유를 가리켜, 아브라함을 이신칭의(justification by faith)의 본보기로 제시하기 위함이라고 말합니다.[18] 그 말은 맞지만 바울이 아브라함의 믿음을, 무엇을 믿을지 혹은 어떻게 믿을지를 보여주는 본보기로서 꺼내든 것으로 (그 말을) 받아들인다면 오해의 소지가 있을 수 있습니다. 확실히 바울은 아브라함이 믿음으로 의롭게 되었다고(justified by faith) 말하긴 하지만, 그가 로마의 청중들에게 아브라함과 같이 믿으라고 장려하는 것이라 볼 수 있는 근거는 사실상 찾아보기 힘듭니다. 그나마 4:12이 아브라함을 본보기로 볼 수 있는 가장 뚜렷한 논증을 제공한다고 할 수 있습니다. 이 구절은 아브라함을 이방인들의 조상, 곧 아브라함이 가졌던 믿음의 자취를 따르는 자들의 조상으로 여기기 때문이죠. 하지만 12절은 사실 아브라함을 따라야 할 본보기로 여긴다기보다는, (16절에서와 같이) 대체로 아브라함을 이방인 신자들과 연결시키는 역할을 합니다. 물론 바울은 완벽하게 본보기(모방)의 표현을 구사할 수 있었고, 실제로 다른 편지들

---

18   James D. G. Dunn, *Romans 1–8*, WBC 38A (Dallas: Word, 1988), 1:194-96. Dunn은 하나님께서 유대인과 이방인 모두를 "믿음을 통해 의롭게 하신다"는 사안의 "중요한 시험 사례(test case)"로서 아브라함을 이야기합니다. Robert Jewett, *Romans: A Commentary*, Hermeneia (Minneapolis: Fortress, 2007), 306. Jewett은 바울의 설명들이 "본보기"(*exemplum*)를 제시하는 그레코-로만의 수사적 기법과, "랍비들의 패턴" 모두와 잘 들어맞으며, 이는 유대인 청중과 그레코-로만의 청중 모두에게 호소하기 위함이라고 지적합니다.

에서는 그러한 표현을 주기적으로 사용하기도 했습니다.

> 여러분은 우리와 주를 본받은 자(imitators)가 되었습니다 … 그리하
> 여 여러분은 마케도니아와 아카이아(아가야)에 있는 모든 믿는 자의
> 본보기(example)가 되었습니다. (살전 1:6-7)

> 그러므로 저는 여러분에게 권합니다. 저를 본받는 자가 되세요.
> (고전 4:16)

> 제가 그리스도를 본받는 자인 것과 같이, (여러분은) 저를 본받는 자
> 가 되세요. (고전 11:1)

> 제가 형제 자매 여러분에게 간절히 부탁합니다. 제가 여러분과 같이
> 되었으니 여러분은 저와 같이 되세요. (갈 4:12)

> 형제 자매 여러분. 다 함께 저를 본받으세요. 여러분이 우리를 본보
> 기로 삼은 것 같이, 우리를 본받아서 사는 자들을 주목하세요.
> (빌 3:17)

> 여러분이 저에게서 배우고 받고 듣고 본 바를 행하세요. (빌 4:9)

바울은 쉽게 "아브라함이 믿었던 것처럼 믿으세요" 혹은 "아브라함을 믿음의 본보기로 삼으세요"라고 말할 수도 있었습니다. 하지만 그렇게 하지 않았죠. 그는 아브라함이 가졌던 특징을 드러내는 것이 아니라, 하나님께서 행하신 일의 본보기로 아브라함을 제시했습니다.

4장의 끝에 다다르면, 아브라함이라는 인물은 완전히 사라지고, 논의는 다시 (바울의) 현재로 또한 그리스도 예수 안에서 이루어진 하나님의 행위로 되돌아 갑니다. 프란시스 왓슨(Francis Watson)이 명민하게 관찰했듯이, 아브라함은 자신의 이야기에서 정작 조연이 되어버립니다.[19] 로마서 4:1에 대한 어떠한 번역을 취하든지 간에, 다시 말해 아브라함이 주어이든지 혹은 "우리"가 주어이든지 간에, (4:1이 묻는) 질문은 수사학적인 "유인이자 미끼"였음이 드러났습니다. 아브라함 자신은 어떤 것도 "찾아내지(얻지)" 못했습니다. 아브라함은 하나님의 약속에 직면하여 그것을 믿었을 뿐입니다. "우리" 또한 "우리의 육신의 조상"으로서 아브라함에 관해 어떤 것도 찾아내지 못할 것입니다. 그 대신 하나님께서 아브라함에게서 후손을 일으키신 것은, 아브라함과 사라뿐만 아니라 우주 전체를 위해서 (하나님께서) 그렇게 하시기로 작정한 덕분임을 알게 될 것입니다. 아브라함의 이야기는 아브라함에게 믿음을 일으키시는 하나님의 행위에 관한 이야기가 되며, 이제 그 이야기는 모든 인류에게 해당됩

---

19   Watson, *Paul and the Hermeneutics of Faith*, 179.

니다(13절을 보면 아브라함의 유산은 온 우주입니다. 특히 17절을 보면 창조와 관련된 표현이 사용됩니다).

로마서 4장 말미에서 바울은 이삭부터 (바울의) 현재까지 존재했던 아브라함의 후손들을 전혀 언급하지 않고, 아브라함의 시간대에서 현재로 곧장 이동합니다. 바울이 (아브라함이 있었던) 과거와 (바울 자신이 있는) 현재 사이에 그와 같이 이룬 도약은, 그의 논지에서 중요한 틈을 만들어냅니다. '하나님께서는 우리와 무엇을 하고 계시는 걸까?' 바울은 로마서 9-11장에서 (최소한 부분적으로라도) 이 질문으로 들어서게 되는 것이죠.

하나님의 이스라엘: 로마서 9-11장

이 책의 1장에서 이미 살펴봤듯이, 로마서 5-8장에서 바울은 편지의 우주적인 지평을 세워 나갑니다. 하나님께서 예수 안에서 행하시는 구원의 행위는 모든 인류에게 필요합니다. 모든 사람이 죄와 죽음이라는 권세들의 노예이기 때문입니다. 하나님의 구원은 심지어 인간을 넘어서까지 확장됩니다. 피조물 전체가 구원을 기다리고 있기 때문입니다(롬 8:18-25). 8장의 끝에서 바울은 트래쉬 토크(trash talk)처럼 보이는 이야기를 꺼내듭니다. "하나님께서 구원을 위하여 그리스도 안에서 일하셨는데, 누가 인간을 정죄할 수 있습니까? 누가 혹 무엇이 그리스도의 사랑에서 인간을 떼어낼 수 있습니까?" 그 대답은 단호합니다. 아무것도 없습니다. 그 무엇도 그렇게 할 수 있는 권세가 없습니다. 8:38-39을 보면 파멸의 주인 자리(lordship)를 노리는 도전자들의 명단이 상당히 위협적으로 등장합니다. 우리는 각각이—죽음이나 생명이나, 천사들이나 지배자들이나, 현재 일이나 장래 일이나 권세들(powers)이나 높음이나 깊음이나 다른 어떤 피조물—정확히 무엇을 말하는 것인지, 무엇을 상징하는지 명확하게는 알지 못하지만, 적어도 그 일부가 우주적인 세력들이라는 것은 알고 있습니다. 그리고 그들 중 그 무엇도 끊을 수 없습니다! "우리" 외부에 있는 그 무엇도 "우리 주 그리스도 예수 안에 있는 하나님의 사랑에서 우리를" 끊을 수 없습니다(롬 8:38-39).

하지만 로마서 8장에서 바울이 손대지 않은 한 가지 상황이 있습니다. 바로 인간 편에서의 거부입니다. 인간이 스스로를 끊어내는 것은 가능할까요? 더 구체적으로 말하자면, 이스라엘은 하나님의 사랑으로부터 스스로를 끊어낼 힘이 있을까요? 만약 그 질문에 대한 대답이 '예'(yes)라면, 그것은 하나님에 대하여 무엇을 시사할까요?[20] 이 질문은 우리를 9-11장으로 데려갑니다.

---

20 Wayne A. Meeks, "On Trusting an Unpredictable God: A Hermeneutical Meditation on Romans 9–11," in *Faith and History: Essays in Honor of Paul W. Meyer*, ed. John T. Carroll, Charles H. Cosgrove, and E. Elizabeth Johnson (Atlanta: Scholars Press, 1990), 105–24; reprinted in *In Search of the Early Christians: Selected Essays*, ed. Allen R. Hilton and H. Gregory Snyder (New Haven: Yale University Press, 2002), 210–29.

종종 로마서 9:1-5은 바울에게서 일어나는 격렬한 감정의 절규로 여겨집니다. 물론 앞선 질문들을 제기할 만큼 일부 심오한 실존적 우려가 담겨 있을 수도 있습니다. 하지만 텍스트에서 감정을 읽어 내기란 여간 어려운 일이 아닙니다. 이메일 메시지를 보고 감정의 정도를 판별하는 것이 얼마나 위험한 일인지 우리는 잘 압니다. 하물며 우리와 상당히 동떨어진 문화적 범위를 가진 저자의 감정을 읽어낸다는 것은 얼마나 더 어려운 일이겠습니까?[21]

9:1-5에 어떠한 감정이 담겨져 있든지 간에, 이 구절들은 하나님과 이스라엘에 관한 더 큰 논의로 들어가는 구심점 역할을 합니다. 보통 가장 중요한 주해 작업 중 하나는 본문의 전개, 논리, 발전을 살펴보는 것입니다. 이는 정경 전체에 적용되는 이야기이며(실제로는 정경 밖에도 해당합니다), 바울(서신)에도 적용됩니다. 특히 로마서를 파악하는 데 있어서 중요합니다. 서론에서도 언급한 것처럼 우리는 이것을 잘 알고 있음에도 불구하고, 너무나도 자주 로마서 속 각각의 서술들이 논의상 동일한 비중을 지닌 것처럼, 그리고 로마서가 그런 서술들을 모아놓은 모음집인 것처럼 읽곤 합니다. 우리는

---

21 고대 수사학자들은 인간의 발달을 놓고 광범위하게 치료적 접근을 시도했던 심리치유(psychagogy)에 관여했습니다. (이에 대한 유용한 개관으로는 다음의 자료를 참조하시기 바랍니다. John A. Darr, "Narrative Therapy: Treating Audience Anxiety through Psychagogy in Luke," *PRSt* 39 [2012]: 335-48). 제가 여기서 염두에 두는 것이 심리치유의 관습은 아닙니다. 바울이 지녔던 감정의 정도를 읽어내려는 시도를 지적하는 것입니다.

편지에 담긴 각각의 문장이나 단락이 마치 에스컬레이터의 각 계단인 것처럼 읽습니다. 다른 문장 혹은 다른 단락도 그저 똑같이 접근하는 것입니다. 하지만 이러한 전략은 결코 통하지 않습니다. (우리의 신학적 입장에서 볼 때, 바울의 편지들이 얼마나 중요하든지 간에) 바울은 신학적인 원리들이나, 별개의 금언들을 담은 목록을 기록하고 있는 것이 아닙니다. 바울은 지금 편지를 쓰고 있는 중이며, 편지 속에서 어떤 논지를 세워가고 있습니다. 바울은 그 논지를 발전시켜가면서, 때로 우리를 어떤 방향으로 이끌어가는데, 결국에는 그 특정한 방향이 막다른 곳임을 보여줍니다. 더 심하게는 복병이 기다리는 곳으로 우리를 이끌고 가기도 하지요.[22] 고대 수사법(rhetoric)과 그 수사법을 활용하는 바울을 연구하는 일에 인상 깊을 정도로 학자들의 에너지가 쏟아졌지만, 아직도 바울의 편지에 담긴 곡절(twists and turns)이 우리가 그 편지를 이해하는 방식에 크게 영향을 미치게 되었다는 생각이 들진 않습니다.

로마서 9-11장의 경우, 논의의 시작과 끝을 명확하게 알 수 있습니다. 9:1-5에서 바울은 하나님께서 이스라엘에게 주신 선물들—자녀됨(sonship), 영광, 언약들, 율법, 예배, 약속들—을 확실하게 상기시킵니다. 그 선물들의 명단은 "영원토록 찬양을 받으실 하나

---

22 특히 로마서 2:1은 이것을 보여주는 적절한 사례를 제공합니다. 앞서 바울은 다른 사람들의 죄를 매섭게 비난하였고 그것으로 청중들을 격동시키며 "그들"이 죽어 마땅하다고 선언합니다. 그리고 나서 바울은 그 청중들의 남을 판단하는 성향에 대한 비난으로 돌아섭니다.

님이십니다. 아멘!"(롬 9:5)으로 끝이 납니다. 그리고 바울은 11장 끝에서 (구약)성경 본문들을 인용하고 또 다른 송영을 사용하여 논의 전체를 완성합니다. "만물이 그에게서 나오고 그로 말미암고 그에게로 돌아갑니다. 하나님께 영광이 영원토록 있을 것입니다! 아멘"(롬 11:36).[23]

이스라엘에게 주신 하나님의 선물들과 만물의 창조주 되신 하나님을 이처럼 강조하는 것과 일맥상통하여, 9장의 전반부는 이스라엘이 하나님의 피조물로서 유일무이한 존재라는 점을 확립해 나갑니다. 로마서 9:6은 (적어도 제 번역에 따르면) 다음과 같이 읽을 수 있습니다. "마치 하나님의 말씀이 실패한 것 같다고 할 수는 없습니다. 이스라엘에서 난 모든 사람들이 이스라엘을 이루는 것은(constitutes) 아닙니다"(롬 9:6). 확실히 이 번역은 평범하진 않기 때문에 약간의 설명이 필요할 것 같습니다. (그리스어로 기록된) 이 구절을 아주 문자적으로 번역해보면 다소 이해하기 힘들지만 대략 다음과 같습니다. "이스라엘에서 난 모두, 아닌, 이 이스라엘"(Not all those from Israel, these Israel). 그리스어 원문에는 동사가 없어서, 영어로 번역하려면 "이다"(is) 형식의 삽입이 허용—사실상 요구—되어야 합니다.[24] 그

---

23 로마서 안에서 송영은 중요한 역할을 합니다. 이 책의 3장에서 그에 대한 논의가 이루어집니다.

24 이것은 동등 동사(equative verb)—연결사(copula)로 쓰이는 기노마이($\gamma\acute{\iota}\nu o\mu\alpha\iota$), 에이미($\varepsilon\acute{\iota}\mu\acute{\iota}$), 휘파르코($\acute{\upsilon}\pi\acute{\alpha}\rho\chi\omega$)—에, 서술형 주격(predicate nominative)이 덧붙여지는 표준적인 그리스어 관례라고 할 수 있습니다.

렇다면 어떤 형태의 "이다"가 적절할까요? 그로 인해 어떤 뉘앙스가 전달될까요?

상당수 번역들의 경우, 바울이 태생적인 (고대) 이스라엘(Israelites)과, 일부 "진정한"(real), "참된"(true) 혹은 "영적"(spiritual) 이스라엘(Israel) 사이를 구별하고 있다고 전제합니다. 예를 들어, NRSV성경은 9:6을 다음과 같이 번역하고 있습니다. "모든 이스라엘(Israelites)이 **참으로**(truly) 이스라엘에 속한 것은 아닙니다"(강조 표시 첨가). 이와 유사하게 NET성경은 다음과 같이 기록하고 있습니다. "모든 이스라엘의 자손이 **참된**(truly) 이스라엘은 아닙니다"(강조 표시 첨가). 하지만 이 본문은 사실 그러한 수식어를 제공하지 않습니다. 그리고 뒤따르는 바울의 논의는 각 세대마다 이스라엘을 낳는 것과 관련이 있지, "영적" 이스라엘과 "육적" 이스라엘의 대조와는 관련이 없습니다. 저의 경우 논지와 어울리지 않는 형용사나 부사를 추가로 덧붙이는 대신에, "이다"를 "이루다(구성하다)"(constitute)라는 의미로 받아

BDF §§127-28, 145; A. T. Robertson, *A Grammar of the Greek New Testament in the Light of Historical Research* (Nashville: Broadman, 1934), 395-96; Herbert Weir Smyth, *Greek Grammar* (Cambridge, MA: Harvard University Press, 1963), §§910-11, 944; Daniel B. Wallace, *Greek Grammar beyond the Basics: An Exegetical Syntax of the New Testament* (Grand Rapids: Zondervan, 1996), 40-48. 이해할 수 있는 영어로 옮기기 위해서 "이다"(is) 형태를 덧붙여야 하는 유사한 사례로는 다음의 문헌들을 참조하시기 바랍니다(이를테면, 요 1:23; 4:24; 롬 2:8, 9-10; 3:1; 8:1, 7; 10:15; 고전 1:9, 24; 8:6; 10:13; 15:40; 고후 1:18; 엡 4:4; 빌 2:1; 4:5; 살전 2:5; 5:24이 있습니다).

들입니다. 이를테면, "선출된 모든 의원들이 의회입니다(are)"를, "선출된 모든 의원들이 의회를 이룹니다(constitute)" 혹은 "의회를 구성합니다(make up)"와 같은 의미로 읽을 수 있는 것과 마찬가지입니다. 바울의 말은 이러한 표현을 부정적인 형식으로 바꾼 것뿐입니다. 곧 "선출된 모든 의원들이 의회를 이루는 것은 아닙니다"와 같이, 로마서 9:6의 경우도 "이스라엘에서 난 모두가 이스라엘을 이루는 것은 아닙니다"라고 하는 것이죠.

바울이 이 표현을 통해 전달하려는 바는, 뒤따라 나오는 짧지만 기묘한 이스라엘 역사—곧, 하나님께서 아브라함을 위해 계속해서 후손들을 만들어 내시는(창조하시는) 역사—를 봐야만 알 수 있습니다. 그들은 곧 생물학적 후손들(흔히 이스라엘 "민족"으로 언급되는 이들)을 가리키지만,[25] 바울의 관심은 생물학에 있는 것이 아니라, 하나님의 창조에 있습니다. 다르게 표현하자면, 바울에게 있어서 이스라엘은 이스라엘 자체에서 나오는 것이 아닙니다. 이스라엘의 존재는 하나님에 의해 창조된 것이고, 하나님에 의해 유지되는 것이며, 하나님의 목적을 위한 것입니다. 이스라엘은 그들 자신의 신실함이나 선량

---

25 제가 "민족"에 인용 표시를 한 것은, 흔히 생물학적으로 주어지는 것처럼 여겨지는 민족됨(ethnicity) 역시 실은 사회적으로 구성되는 범주임을 나타내기 위함입니다. Mark G. Brett, ed., *Ethnicity and the Bible*, BibInt 19 (New York: Brill, 1996); Denise Kimber Buell, *Why This New Race: Ethnic Reasoning in Early Christianity* (New York: Columbia University Press, 2005); Eric D. Barreto, *Ethnic Negotiations: The Function of Race and Ethnicity in Acts 16*, WUNT 2.294 (Tübingen: Mohr Siebeck, 2010).

함 때문에 존재하는 것이 아니라, 하나님의 창조 행위로 인해 존재하는 것입니다.[26]

다시 말해서, 바울에게 있어서 이스라엘은 하나님의 것입니다. 이 단순한 확신이 뒤따라 나오는 모든 내용들을 견고하게 붙잡아 줍니다. 하지만 뒤따르는 내용들은 모두 복잡하고 때로는 위험하며, 또한 비틀린 그 서술 방향은 반복적으로 **이스라엘에 구원이 미치지 않을 수도 있다**는 암시를 내비치고 있습니다. 바울은 다양한 지점에서 하나님의 손길이 이스라엘에 닿지 않을 수도 있다는 가능성을 청중들에게 내비칩니다.

이러한 기색을 처음으로 내비치는 곳이 9:25-29입니다. 이 단락에서 바울은 대담한 주해를 펼치게 되는데, 곧 이방인들도 하나님의 백성 중에 있다는 것, **이방인들** 역시 하나님의 자녀들 가운데 있다는 것이었습니다. 바울은 이것을 주장하기 위해서 하나님의 이스라엘 창조와 관련된 호세아 말씀을 가져옵니다.

---

26 9:9-23에 나오는 간략한 이스라엘 역사 내내 하나님의 주도권이 강조됩니다. 이 강조는 바로 이야기로까지 확장됩니다. 구약성경은 하나님이 바로의 마음을 완악하게 하셨음과, 바로가 스스로 자신의 마음을 완악하게 했음을 모두 이야기하지만, 바울은 오직 하나님 편에서만 그 이야기를 말합니다. 제가 쓴 다음의 자료를 참조하시기 바랍니다. "On the Calling-into-Being of Israel: Romans 9:6-29," in *Between Gospel and Election: Explorations in the Interpretation of Romans 9–11*, ed. Florian Wilk and J. Ross Wagner, WUNT 257 (Tübingen: Mohr Siebeck, 2010), 255-69.

내가 "내 백성 아닌 자"를 내 백성이라 부를 것이며, "사랑하지 않는 자"를 사랑하는 자라 부를 것이라. 그리고 거기서, "너희는 내 백성이 아니다"라고 말한 그곳에서 그들은 살아계신 하나님의 아들들과 딸들로 불릴 것이다. (롬 9:25-26)

호세아 2장의 문맥을 보면, 이 표현들은 무서운 형벌과, 은혜로운 구원 모두를 약속 받은 하나님께서 사랑하시는 백성, 이스라엘을 향하고 있습니다. 바울은 이스라엘에게 주어진 이러한 표현들을 그 본래의 위치에서 들어올려 대신 이방인들에게 적용합니다. 그러고 나서 바울은 이스라엘로 돌아와, 이사야가 이스라엘에 관해 "외친다"고 말합니다.

이스라엘의 아들들과 딸들의 수가 바다의 모래 같을지라도, 오직 남은 자만 구원을 받을 것입니다. 주께서 땅 위에서 그의 말씀을 온전히 그리고 속히 이루실 것입니다. (롬 9:27-28)

바울은 계속해서 이사야 말씀을 가져옵니다.

만일 만군의 주께서 우리에게 후손을 남겨 두지 아니하셨더라면, 우리가 소돔이 되고 또한 고모라와 같았을 것입니다. (롬 9:29)

이 말씀들 가운데 남은 자에 대한 내용이 암시되고 있습니다만, 표현되고 있는 징조는 사실 완전한 황폐화입니다.[27] 희망의 근거가 거의 보이지 않지요.

뒤따르는 구절들을 파악하기 어렵기는 하지만 예상에서 벗어 나진 않습니다. 9:30-33에서 바울은 이스라엘과 이방인들을 대조 합니다. 이스라엘은 경주를 달려왔고 지금도 달리고 있으나 이기 지 못하는 반면, 이방인들은 참가하지도 않은 경주에서 이겼습니 다. 10장에서 바울은 그리스도의 말씀이 "가까워" 누구든지 주의 이름을 부르는 자는 구원을 받게 될 것이라는 사실에도 불구하고, 이스라엘의 경우는 하나님에 대한 열심은 있으나 지식이 부족하다 고 시인합니다. 이스라엘은 그리스도의 말씀을 들었고, 하나님은 끊임없이 하나님의 백성을 향해 손을 뻗으셨지만, 10장의 끝부분 과 같이, (하나님은) 계속해서 "순종하지 않고 완고한 백성"들에게 손 을 내밀고 계실 뿐이었습니다.

이 모든 논증이 바울을 11:1의 질문으로 이끕니다. "하나님께서

---

27 Wagner, *Heralds of the Good News*, 78-117. 로마서 9:25-29에 대한 Wagner 의 분석은 호세아와 이사야 본문 모두, 각기 더 넓은 문맥 속에서 주제뿐만 아니라 언어적인 유사성도 공유한다는 점을 보여줍니다. "바울은 자신이 처 한 상황을 파악한 뒤에, 이 본문들이 예언하는 회복의 약속을 활용하여, 그 와 동시대 이스라엘을 이사야의 청중과 동일한 입장—황폐함과 희망 사 이—안에 위치시킵니다. (바울 시대) 이스라엘은 하나님의 진노 아래 고난 을 받고 있으며, 이사야가—그리고 지금은 바울이—선포하는 화해와 해방 의 메시지를 절실하게 들어야 하는 상황입니다"(117).

하나님의 백성을 버리셨습니까?"(롬 11:1). 이것은 논리적으로 당연한 귀결인 것처럼 보입니다. 곧 '하나님은 그 뜻대로 이스라엘을 창조하신다. 또한 하나님은 그 뜻대로 심판을 행하신다. 이스라엘은 그 메시지를 들었으나 반응하지 않았다. 이스라엘은 하나님의 간절한 호소 앞에서도 계속해서 불순종했다. 하나님이 하나님의 백성을 버리셨음에 틀림없다!'(와 같은 수순이지요).

하지만 바울 특유의 대답, "물론 아닙니다!"가 나오기도 전부터, 이미 그 질문 자체에 부정(반박)의 의미를 담고 있습니다. 부정적인 대답이 뒤따른다는 것을 말해주는 그리스어 불변화사(mē)와 함께 질문이 나오고 있지요. 따라서 이 질문은 다음과 같이 번역하는 것이 더 좋을 것입니다. "하나님께서 하나님의 백성을 정말로 버리신 것이 아닙니다. 그렇지 않습니까?" 하지만 그리스어 문법이 아니더라도 요점은 명확합니다. 곧 '하나님께서 하나님의 백성을 버리셨는가?'이지요. 바울이 이스라엘을 가리켜 "하나님의 백성"이라고 부른 순간, 그것은 이미 하나님께서 이스라엘을 버리신다는 개념이 불가능함을 시사하는 것이지만요.

물론 거기서 끝나지 않습니다. 하나님께서 "버리지" 않으신다고 말하는 것만으로는 충분하지 않으며, 아직 또 다른 단계가 남아 있습니다. 하나님께서 버리지 않으신다는 증거가 어디에 있을까요? 또 버리지 않으신다는 말은 어디를 향해 갈까요? 로마서 11:1(하)-10에서, 바울은 엘리야 시대 때와 마찬가지로 (지금도) 남은 자 즉, 오직 은혜로 세워진 남은 자가 있다고 단언합니다. 5-6절은 반복적으로 남은 자가 세워지는 것은 오직 하나님의 은혜임을 주장합니다.

> 그런즉 이와 같이 지금도 [하나님의] 부르심에 따라, 은혜를 통하여 남은 자가 나타납니다. 은혜로 된 것이므로 더 이상 행위들(works)에 근거하지 않습니다. 그렇지 않으면 은혜가 더 이상 은혜되지 못할 것입니다. (롬 11:5-6)

은혜로 만들어진 이 "남은 자"(remnant) 외에도, "나머지 사람들"(rest)이 있습니다. 바울은 여기서 다시 한번 (구약)성경을 통하여 자신의 핵심을 강조합니다. 즉, 하나님께서 오늘날까지도 깨닫지 못하는 영, 보지 못하는 눈, 듣지 못하는 귀를 주셔서 이 "나머지 사람들"을 만드셨다는 것이었습니다. "남은 자"가 하나님의 행위 덕분에 존재하는 것과 마찬가지로, "나머지 사람들"도 하나님의 행위로 인해 완고한 상태에 있습니다. 다시 말해, 이스라엘은 "남은 자" 그리고 "나머지 사람들"로 나누어집니다.

이러한 구분은 (이스라엘 안에) 일부 "진정한" 이스라엘과, 일부 잃어버린 바 된―혹은 잃어버리게 될―이스라엘이 있다는 것을 의미할 수도 있습니다. 그리고 이것이 바로 많은 해석자들이 로마서 9-11장을 읽는 방식입니다. 11:11의 질문―그들의 넘어짐은 영구적인가요?—은 그러한 (해석의) 가능성을 향해 있습니다. 이 질문에 대한 대답은 앞서 터무니없는 질문들에 대한 바울의 대답과 마찬가지로 단호합니다.[28] "물론 아닙니다!" 바울은 "나머지 사람들"의 일시적인 넘어짐이 하나님의 목적에 부합한다고 주장합니다. 하나님은 이방인들을 데려오기 위해서, 이스라엘 안에서 이러한 구분—하나님이 만드신 구분—을 활용하고 계시다는 것입니다. (이스라엘에 관한 논의에 집중하기 위해서 저는 지금 11:13-24에 나오는 이방인들에 관한 중요한 언급은 따로 빼놓고 있습니다. 그에 관해서는 차후에 다루겠습니다.)

마침내 바울은 11:25 안에서 그동안 달려왔던 요점에 도달합니다. 그것은 곧 이방인들의 믿음을 일으키기 위해 하나님은 일시적으로 이스라엘 가운데 일부를 완고하게 하셨다는 것입니다. 그러고 나서 "이스라엘 모두는 구원을 받을 것입니다"(롬 11:26). 바울이 사용한 "이스라엘 모두"란 표현이 정확히 어떤 의미인지를 둘러싼 길고 험난한 논쟁의 역사가 있습니다.[29] 그 논쟁이 절망적인 함의를 지니지 않았다면 좋았겠지만, 결국 상황은 이 단순한 단어 하나("모두")가 어떤 의미인지조차 정확히 알 길이 없는 형국입니다(이 점에 대해서는 결론에서 더 언급하겠습니다). 어떤 이들은 이 단어가 이스라엘 가운

---

28 예를 들어, 로마서 3:3-4, 5-6, 31; 6:1-2, 15; 7:7, 13; 9:14; 11:1을 보세요.

29 이 논쟁에 대한 유용한 비평으로는 다음과 같은 자료가 있습니다. Christopher Zoccali, "'And So All Israel Will Be Saved': Competing Interpretations of Romans 11:26 in Pauline Scholarship," *JSNT* 30 (2008): 289–318.

데 "믿음이 있는 남은 자"만을 가리킨다고 주장합니다. 또 어떤 이들은 교회(즉, 예수님을 믿는 유대인과 이방인 모두)를 가리킨다고 이야기합니다. 앞서 바울이 나누어 놓은 "남은 자"와 "나머지 사람들" 사이의 구분을 감안해 본다면, "이스라엘 모두"는 아마도 이스라엘 전체를 가리킬 가능성이 높아 보입니다. 또한 이들은 우리가 "민족" 이스라엘, "생물학적" 이스라엘, 혹은 "역사적" 이스라엘이라 부르는 무리와 동일하다고 할 수 있습니다. 바울에게 이스라엘은 인류학적 범주가 아니라 신학적인 범주라는 점만 제외한다면요.

이 문제에 대한 주해상의 합의가 이루어지고 있지 않지만, 우리가 "이스라엘 모두"를 어떤 식으로 이해하든지 간에, 중요한 내용은 사실 그다음 부분입니다. 바울이 그 표현을 설명하기 시작하거든요. 일단 11:26-31에서는 그가 11장의 초반부터 말해왔던 것을 간략하게 재서술합니다. 이스라엘의 일부가 하나님과 대립하고 있다면, 그 상황은 하나님께서 이방인들에게 자비를 베푸시려고 벌어진 상황입니다. 그럼에도 불구하고 그 이스라엘의 일부는 계속해서 하나님께 사랑을 받습니다. 다시 말해 "하나님의 선물들과 부르심은 변하지 않습니다"(롬 11:29). 그다음 11:32에서는 "이스라엘 모두가 구원을 받을 것입니다"라는 서술을, 모든 인간을 아우르는 표현으로 재구성합니다. "하나님께서 모두를 불순종에 가두신 것은 모두에게 자비를 베푸시려는 것입니다"(롬 11:32). 이 정도로 포괄적인 주장은 불가능한 일처럼 보이지만, 바울은 (구약)성경을 여럿 인용하면서 그 주장을 강조합니다. 그리고 그 주장은 결국 인간(편)의 불가능성, 곧 인간이 하나님을 아는 것, 하나님을 통제하는 것, 하나님을 예측하는 것, 하나님께 보답하는 것, 하나님께 영향을 미치는 것이 불가능함을 말하기도 합니다.

4장에 표현된 아브라함 이야기의 독특한 서술(화법)과 같이, 바울이 이스라엘에 관해 말하고 있는 부분과, 말하지 않는 부분을 모두 알아차리는 것이 중요합니다. 바울은 "이스라엘 모두"가 믿게 될 것이라고 말하지 않았습니다. 또한 바울은 이스라엘 사람들이 회개하고 그로 인해 구원을 받게 될 것이라고 말하지 않았습니다. 11:23("그들이" 불신앙[믿지 않음]을 고집하지 않으면, 그들도 다시 접붙임을 받을 것입니다)은 예외로 봐야 하겠지만, 그조차 그들이 **믿게 될 것**이라고 정확히 언급하지는 않습니다.

바울이 말하는 내용은 곧 다음과 같습니다.

> 이스라엘은 구원을 받을 것이며, 구원하는 분은 하나님이시다.
> 하나님의 선물들과 하나님의 부르심은 변하지 않는다.
> 하나님께서는 모두를 불순종에 가두셨는데, 이는 곧 자비를 베푸시려는 것이다.
> 하나님의 길은 인간들에게 알려지지 않았다.

즉, 바울은 다시 한번 주제를 옮겼습니다. 그간 바울은 계속해서 이스라엘과 이스라엘의 행실에 대해서 질문을 던져왔습니다. 그리고 바울은 계속해서 하나님을 떠올리며 그 질문에 대답해왔습니다. 이로써 이스라엘을 향한 질문은 이스라엘에 관한 질문이 아니라는 점이 밝혀졌지요. 그 질문은 사실 하나님에 관한 질문이었습니다.

일부 해석가들은 제가 방금 말한 내용을 기꺼이 받아들입니다. 하지만 그들은 아마 이렇게 덧붙일 것입니다. "물론입니다. 바울은 하나님이 이스라엘의 하나님이라는 것을 알았으니까요." 이 지점이 흥미로운 부분입니다. 사실 이스라엘의 하나님이라는 표현은 바울이 사용한 적이 없는 표현이기 때문입니다. 로마서뿐만 아니라, 다른 어떤 편지에서도 바울은 "이스라엘의 하나님"(참조. 마 15:31; 눅 1:68)이나,[30] "아브라함의 하나님"(혹은 "아브라함의 하나님, 이삭의 하나님, 야곱의 하나님", 참조. 막 12:26와 그 평행 본문들에서 출 3:6 인용, 그리고 행 3:13; 7:32), 혹은 "우리 조상의 하나님"(행 3:13; 7:32)을 언급하지 않습니다.[31] 우리

---

30 롬 3:29에는 "하나님은 유대인만의 하나님이십니까?"라는 질문이 나옵니다. 하지만 이것은 이름이나 칭호로 기능한다고 보기 어렵습니다. 오히려 소유를 의미하는 표현으로 봐야 합니다. "하나님은 유대인하고만 관계가 있으십니까?"처럼요.

31 "이스라엘의 하나님"은 칠십인역(LXX)에서 (이를테면, 출애굽기 24:10; 여호수아 7:13; 사사기 4:6; 5:3; 6:8; 에스드라2서 1:3[에스라 1:3]; 토빗[서] 13:17; 마카비2서 9:5; 시락서 47:18; 이사야 41:17; 45:3; 예레미야 16:9; 바룩[1]서 2:11), 그리고 초기 유대 문헌과 초기 기독교 문헌에서 나타납니다 (이를테면, 야고보의 원복음[서] 6:2; 14:2; 16:2; 바룩4서 6:20; 요셉과 아스낫 7:5). "아브라함의 하나님", "야곱의 하나님", 이삭의 하나님"이 나타난

는 복음서(들)에서 혹은 칠십인역에서 그리고 그 시기 다른 유대 문헌 및 기독교 문헌에서 그러한 표현들을 발견할 수 있지만, 막상 바울에게서는 찾아볼 수 없습니다. "아브라함의 하나님" 혹은 "우리 조상의 하나님"이 나오리라 예상되는 바로 그 지점에서, 바울은 "우리 주 예수를 죽은 자들 가운데서 살리신 분"으로 하나님을 정의합니다(롬 4:24). 물론 (마땅히 나타나야 하는 표현들이 나타나지 않는) 이러한 침묵 자체가 무언가를 말해주는 것은 아니며, 또한 바울 스스로가 과연 의도적으로 그러한 결정을 내렸는지에 대해서도 확신할 수 없습니다. (그렇지만) 최소한 이 현상은 이스라엘이 하나님에게 속한 것이지, 하나님이 이스라엘에게 속한 것이 아니라는 바울이 가진 이해와 일맥상통합니다. 이스라엘이 하나님을 소유한 것이 아니라, 하나님이 이스라엘을 소유하셨지요.

어쩌면 이것은 잘못된 구분일 수 있습니다. 그 누구도 "이스라엘의 하나님"(God of Israel)이 소유의 속격(genitive of possession)으로, 즉 "이스라엘이 하나님을 소유한다"라는 의미의 "이스라엘의 하나님"(Israel's God)이라고 주장한 적이 없으므로 마땅히 반박의 목소리가 있을 수 있습니다. 아마도 그 말이 맞을 것입니다. 어떤 면에선 "이스라엘의 하나님"이라는 관용구는 단지 하나님께서 그 특정한 사람들에게 행하신 역사를 떠오르게 할 뿐입니다. 제가 이 표현의

사례는 다음과 같습니다. 칠십인역, 창세기 28:13; 32:10; 시편 23:6; 45:8, 12; 74:10; 83:9; 이사야 2:3).

의미를 파악하는 일을 포기하자고 주장하는 것은 아닙니다. 다만 저는 현대 바울 학계에서 발전시킨 연구들의 목소리가, 이스라엘의 역사에 근거하여 바울의 편지들에 대해 추론할 수 있어야 함을 말하고 있다고 생각합니다. 그리고 그 연구들은 바울에게서 독특하다고 할 만한 표현은 찾기 어려우며, 바울 역시 그 이전의 (역사 속) 사람들과 같은 맥락에 서 있다는 이야기를 들려줍니다. 하지만 바울이 하나님을 부를 때, "우리 주 예수를 죽은 자들 가운데서 살리신 분" 혹은 "우리 주 예수 그리스도의 아버지"와 같은 호칭을 사용한 것 또한 명백한 사실입니다.

소유를 표현하려면 "하나님의 이스라엘"(Israel of God)이 더 나을 것 같습니다. 바울에게 있어서 하나님께서 아브라함에게 하신 약속과 함께 만드신 이들은 이스라엘이 유일합니다. 하나님은 바로 그 이스라엘을 예수 그리스도를 통해—이방인들과 함께—구원하십니다. 이스라엘에게 주신 하나님의 약속은 결코 깨지지 않습니다.[32] 이것은 바울이 결국 이스라엘 역시 예수를 주로 고백하게 될 것이라고 생각했음을 의미할까요? 과연 이스라엘은 믿음을 가지게 될까요? 이 질문에 대한 바울의 대답은 분명하지가 않습니다. 어쩌면 11장 끝부분은 그 질문에 대한 대답은 알 수 없는 하나님 속에

---

32 바울에게서 나타나는 이 표현과 그 결합값(valence)에 대해서는 다음의 자료를 참조하시기 바랍니다. Susan Grove Eastman, "Israel and the Mercy of God: A Re-reading of Galatians 6.16 and Romans 9–11," *NTS* 56 (2010): 367–95.

숨겨져 있다고 바울이 생각했음을 보여주는 것일 수도 있고요.

만일 그 질문이 하나님께 계속 남겨져 있었더라면 교회의 역사가 얼마나 달라질 수 있었을까요.

남아있는 질문들

로마서 9-11장에 대한 저의 해석을 따르든, 다른 대다수 해석들을 따르든 그 장들의 내용은 분명 독특합니다. 어떻게 바울은 하나님께서 유대인의 믿지 않음(불신앙)을 활용하고 계시다는 생각—이방인을 구원하시려고 유대인의 믿지 않음을 일으키셨다는 생각, 또 결국 그것을 통해 유대인도 구원하시려는 것이라는 생각—에 도달하게 되었을까요? 이는 바울이 (구약)성경을 연구한 결과일까요? 바울은 종말론적인 행로(pilgrimage)에 대한 예언서의 이해를 뒤집은 것일까요?[33] 바울이 11:25에서 그러한 생각을 신비라고 부른다는 사

---

33 어떤 독자들은 로마서 11장에서 "종말론적인 행로(pilgrimage)" 모티프와 관련된 요소들을 읽어냅니다. "종말론적 행로"란 곧 종말에 이스라엘은 완전히 회복될 것이며 그 결과 수많은 이방인들이 예루살렘으로 모여들 것이라는 개념을 가리킵니다. 하지만 일부 문헌들은 이방인들의 구원보다는 그들의 심판과 파멸을 그려내기도 합니다. 이 주제에 대해서는 다음의 자료를 참조하시기 바랍니다. Donaldson, *Paul and the Gentiles*, 69-74; Donaldson, *Judaism and the Gentiles*, 499-505; E. P. Sanders, *Jesus and Judaism* (Philadelphia: Fortress, 1985), 77-119; Sanders, *Judaism: Practice and Belief 63 BCE–66 CE* (London: SCM, 1992), 291-92. 저는 이것이 사실이라면, 바

실이, 그 부분에 대하여 신적 계시를 받았음을 시사하는 것일까요? 혹시 바울은 9장의 시작부터 이 논의가 어디로 갈지 알고 있었던 걸까요? 아니면 (논의하는) 과정 중에 결론을 발견하게 된 것일까요?

후자의 주장—바울이 논의 과정 중에 결론을 발견하게 된 것이라는 주장—은 분명 매력적입니다. 특히 새로운 문제들에 적용할 수 있는 통찰을 발견하려고 성경을 살펴보는 그리스도인이라면 더더욱 매력적으로 느낄 것입니다. 하지만 로마서 전체는 복잡하게 얽혀서 연결되어 있고 아주 섬세하게 구성되어 있어서, 바울이 이 편지를 쓰는 동안, 자신의 입장을 "발견"했을 가능성은 현저히 낮아 보입니다. (갈라디아 교회들 가운데 벌어진 갈등 이후, 바울이 다른 사람들과 대화하는 도중에 자신의 입장을 "발견"했을 가능성이라면 모르겠지만, 그것은 완전히 다른 시나리오입니다.) 우리 손에 있는 이 로마서는 초안이 아닙니다.

혹여나 바울이 이 편지를 쓰기(더 정확히는 구술하기[받아쓰게 하기]) 시작할 때부터, 논의가 어디로 흘러갈지 미리 알았다고 하더라도, 왜 하필 그렇게 길고 복잡하게 논의를 진행한 것일까요? 왜 좀 더 직

울은 두 가지 주요한 측면에서 전통을 뒤집는 것이라고 주장한 바 있습니다. 첫째, 이방인늘의 합류를 이끄는 것은 바로 이스라엘의 실패라는 짐입니다. 둘째, 이방인들은 지금 이스라엘의 구원을 가져오는 일에 앞장서고 있다는 점입니다. 다음의 자료를 참조하시기 바랍니다. "The God Who Will Not Be Taken for Granted: Reflections on Paul's Letter to the Romans," in *The Ending of Mark and the Ends of God: Essays in Memory of Donald Harrisville Juel*, ed. Beverly Roberts Gaventa and Patrick D. Miller (Louisville: Westminster John Knox, 2005), 83.

접적으로 자신이 말하고자 하는 바를 표현하지 않았을까요? 이 질문에 대한 대답은 11:13("제가 이방인인 여러분에게 말합니다")에서 나타나는 것 같습니다. 바울은 하나님과 이스라엘의 관계를 제삼자로서 묘사하는 것에 더 이상 만족하지 못하고, 잘못된 견해를 가진 이방인들에게로 돌아가고 있습니다. 바울은 이스라엘의 대다수가 예수를 메시아로 믿지 않고 있으며, 그로 인한 결과들로 고난을 받게 될 것이라는(식의) 이야기에는 관심이 없습니다. 바울의 관심은 그러한 결론을 도출한 이방인 출신 그리스도인들에게 있습니다. 곧 이방인들은 자신들이 이스라엘을 대체했다는 결론을 내렸습니다. 또한 이방인들은 이스라엘이 예수를 하나님의 적법한 메시아로 받아들이지 않는다는 것이 적어도 하나님께서 이스라엘(최소한 이스라엘의 일부)을 버리실 것을 의미한다고 생각했습니다.

바울은 자신의 결론으로 청중들을 끌어오기 위해서 매우 세심하게 움직입니다. 그는 (이방인들과 같이) 이스라엘도 언제나 하나님의 창조 및 보존 활동을 통해서만 존재해왔다는 점을 반복적으로 보여줍니다.

물론 1세기 이방인 출신 그리스도인들에 대한 이와 같은 묘사는 그저 추측일 수 있습니다. 하지만 바울 이후 이방인 출신 그리스도인들이, 21세기에도 (자신들의 생각대로) 바울(의 편지)을 읽어왔다고 말하는 것은 결코 추측에 그치지 않습니다. 이들은 마치 하나님의 마음을 다 아는 것처럼, 누가 뿌리에 속하고 속하지 않은지를 다 아는 것처럼, 그리고 하나님의 부르심과 은혜의 손길이 뻗는 곳을 다 아는 것처럼 판단합니다. 그때나 지금이나 그러한 이방인들에게 11:29의 말씀이 강조하는 바가 울려 퍼집니다. 하나님의 선물들과 부르심은 돌이킴이 없습니다.

"그래서 어쩌라는 건가요?"라는 질문

우리는 신약학자, 도널드 주엘(Donald Juel)의 목소리를 너무 빨리 잃어버렸습니다. 그는 도발적인 질문을 던지길 좋아했습니다. "그것은 어디에 도움이 되는 건가요?"처럼요. 저는 결론 대신에 이 질문을 로마서 4장과 9-11장에 던지고자 합니다. 아브라함과 이스라엘에 관한 이러한 논의는 우리 시대, 어디에 도움이 되는 건가요?

가장 분명한 결론부터 말하자면, 저는 이것이 교회가 끊임없이 유혹 받는 반-유대교(anti-Judaism)와 싸우는데 "도움이 된다"고 믿습니다. 우리가 로마서에서 계속해서 목격하는 것은, 유대인과 이방인이 하나님 앞에서 서로 다른 역사를 갖고 있음에도 불구하고, 그들 모두가 죄와 죽음의 권세들에 종속되었다는 점입니다. 이방인(즉, 우리 시대 그리스도인)의 오만함은, 우리가 공유하는 죄 그리고 이스라엘과 함께하신 하나님의 역사 모두를 욕되게 하는 것입니다. 11:18에서 바울은 분명하게 이야기합니다. "그 가지들을 향하여 우쭐대지 마세요"(롬 11:18).

저는 이 말씀이 더 이상 필요하지 않은 날을 고대합니다.

그렇지만 간단하게나마 바울이 이곳을 비롯한 여러 곳에서 작업하는 방식에 주목해보고자 합니다. 로마서를 읽어보면 바울은 자주 유대인 출신 그리스도인과 이방인 출신 그리스도인 사이의 관계에 대한 심각한 교회론적 문제에 봉착합니다. 바울은 그저 이렇게 말할 수도 있었습니다. "서로에게 친절합시다. 여러분은 각각의 교회(회중)를 가질 수 있어요. 각 교회는 자기 사람들에게(만) 증언할 것이고 그 증언이 복음을 퍼뜨릴 것입니다." 아니 그보다 어쩌면 "이방인 출신 그리스도인들이 세를 넓히고 있으니, 이스라엘은 그만 잊어버립시다"라고 말할 수도 있었습니다. 단순히 벌어진 문제를 수습하려고 하거나, 실행할 수 있는 실제적인 해결책을 찾는 대신에, 바울은 **먼저** 하나님에 관해—하나님께서는 무엇을 하고 계시는가? 하나님께서 예수 안에서 행하신 일은 무엇인가? 그것은 우리에게 무엇을 가르쳐 주는가?—생각했습니다. 분명히 바울은 송영으로 결말을 맺고 있으며, 송영 안에서 문제를 하나님께 되돌려 드립니다. 이는 '현재의 위기 상황 속에서 하나님은 어디에 계시는가?'를 오랫동안 치열하게 고민한 이후에 이루어진 일입니다.

이 책의 4장에서도 보게 되겠지만, 이러한 바울의 방식은 다른 곳에서도 나타납니다. 로마서 14장에서 바울은 어떤 이들은 채식주의자(vegans)이고 또 어떤 이들은 무엇이든지 먹는 상황에서, 어떻게 공동의 식사를 할 것인지를 고민하면서 결국 하나님의 주되심을 상기시킵니다. 또한, 고린도전서 11장에서는 사회적인 차이—부유한 자들이 먼저 나와 포도주를 전부 마시고, 노예들은 마지막에 나와서 굶주리는 상황—를 넘어서 어떻게 주의 만찬을 기념할 것인지를 분별하면서 결국엔 예수님의 십자가를 상기시킵니다. 그리고 데살로니가전서 4장을 보면, 바울은 인간이 피할 수 없는 비통한 현실을 다루는 과정에서 결국 예수님께서 돌아오심을 상기시킵니다.

이처럼 실제적인 문제들에서 바울은 뒷걸음질 치지 않습니다. 그저 가장 먼저 하는 일이 세계 자체를 구원하시려는 하나님의 결심이라는 렌즈를 통해서 모든 문제를 고민하는 것뿐입니다. 우리도 그러한 자세를 배울 필요가 있습니다!

3장

로마서에 가면
하나님께 영광을 돌리세요

3장 로마서에 가면 하나님께 영광을 돌리세요

　오래전 제가 처음으로 신학교에서 가르치기 시작했을 때, 저는 로빈 스크록스(Robin Scroggs)가 쓴 탁월한 책,『새 시대를 위한 바울』(Paul for a New Day)을 사용했습니다. 서문에서 스크록스는 그 책이 목회자들을 위한 강의로 시작된 것이라고 설명합니다. 스크록스는 목회자들을 교육하는 과정 중 처음으로 강의한 날을 회상했는데, 그는 그 첫 강의에서 하나님께서 예수 그리스도 안에서 일하신 덕분에 존재하게 된 새로운 존재(new being)에만 초점을 두었습니다. 그는 인간의 반응이나 행동에 대해서는 전혀 언급하지 않았고 그것을 마지막 강의에서 다루려고 아껴 두었습니다. 그러나 스크록스는 첫 강의를 마치자마자, "아주 심각한 질문 공세를 수도 없이 받아야" 했으며, 그 질문 모두가 인간의 행동과 관련된 질문들이었습니다. "하지만 교수님. 우리가 무엇을 해야 하는지는 말씀해주시지

않으셨습니다!"처럼요.[1]

제가 가르친 경험을 떠올려보니 그 이야기가 정말 와닿았습니다. 저는 "우리가 무엇을 해야하는지 말씀해주세요"라고 계속해서 요청하는 (몇몇) 이유들이 정당하고 또 마땅하다고 생각합니다. 우리는—마땅히—값싼 은혜를 염려합니다. 우리는—마땅히—우리의 삶을 위한, 특히 우리 아이들의 삶을 위한 지침을 찾고 싶어 합니다. 우리는—마땅히—바울의 복음이 혹 "장래의 헛된 희망"만을 주는 것은 아닌지, 그 낌새를 불안해합니다. 현재에 요구되는 것은 아무것도 없으니까요. 하워드 서먼(Howard Thurman)의 할머니께서도 그와 같은 논리로 바울의 편지들을 읽지 말라고 서먼에게 경고하셨죠. 그녀는 그 편지들을 읽는 것이 위험하다고 생각했습니다.[2] 우리는 바울의 편지들이 우리와 동떨어져 추상적이라는 혐의에 맞서고자 합니다. 한 가지 좋은 방법은 다음과 같은 질문을 던지는 것입니다. "그러면 우리가 무엇을 해야 합니까?"

여기서 우리는 전통적으로 "바울의 윤리(ethics)"라고 부르는 영역에 들어서고자 합니다. 이전 장들에서 이루어진 구원과 이스라엘에 관한 논의들과 마찬가지로, 여기에서도 특정한 종류의 질문들이 발생할 것으로 예상됩니다. 아마도 바울의 윤리에 있어서 가장 많이 되풀이되는 질문은 소위 "직설법"(indicative)과 "명령

---

1   Robin Scroggs, *Paul for a New Day* (Philadelphia: Fortress, 1977), viii.

2   Howard Thurman, *Jesus and the Disinherited* (1940; repr., Richmond, IN: Friends United Press, 1981), 30.

법"(imperative) 사이의 관계에 대한 문제일 것입니다. 이 용어들은 약
칭으로서, 하나님께서 예수 그리스도 안에서 행하신 행위에 대한
바울의 이해와, 그가 제시하는 윤리적인 가르침 사이의 관계를 가
리킵니다. 이 논의는 두 가지 내용이 서로 어떻게 교차되고 또 어떻
게 뒤섞여 서로 영향을 미치는지 분간하는 것을 중심으로 전개됩
니다. 이를테면, 직설법(즉, 복음 이야기)은 명령법(즉, 인간의 행동)을 통해
보증되는 것일까요? 아니면 명령법은 보다 본질적으로, 보다 자연
스럽게 직설법과 연결되어 있어서, 둘 사이를 구분하는 것은 어려
운 일일까요?[3] 흔히 이해하는 것처럼, 바울은 "복음으로 변화된 새
사람답게 사세요"(become what you are)라고 말하고 있는 것일까요? 아
니면 "(복음을 들은) 지금보다 더 나은 사람이 되세요"(become what you are
becoming)에 가까운 말을 하고 있는 것일까요?[4]

바울의 편지들 가운데 나타나는 특정한 윤리적 가르침들을 볼
때, 우리는 수많은 질문들을 떠올립니다. 그 가르침들은 어디에서
온 것일까요? 그 가르침들 중 상당수 내용이 고대 문헌들―유대 문
헌, 비-유대 문헌, 혹은 둘 모두―에서 평행(본문)하여 나타납니다.

---

[3]   이 견해에 대한 중요한 예시는 다음의 자료를 참조하시기 바랍니다. Victor
     Paul Furnish, *Theology and Ethics in Paul*, NTL (1968; repr., Louisville:
     Westminster John Knox, 2009), 224-27.

[4]   James D. G. Dunn, *Romans 1–8*, WBC 38A (Dallas: Word, 1988), 337. Udo
     Schnelle는 이와 같은 문제에 대하여 논의했습니다. Udo Schnelle, *Apostle
     Paul: His Life and Theology*, trans. M. Eugene Boring (Grand Rapids: Baker
     Academic, 2003), 546-51.

특히 로마서에서 끊임없이 논의되는 내용 중 하나는 모세의 율법과 관련된 문제입니다. 바울은 율법에 관하여 수많은 언급을 했는데, (좋게 말하면) 그 언급들이 서로 쉽게 조화가 되지 않습니다.[5] 학자들은 바울이 이해하는 그리스도인의 삶 가운데, 율법이 어디쯤 위치하는지 그리고 바울의 윤리적인 가르침 가운데 율법이 어떻게 계속해서 자리를 차지하는지를 두고 논의 중에 있습니다.

과연 무엇이 바울로 하여금 특정한 윤리적 가르침을 제시하게 만들었을까요? 그의 가르침은 편지를 쓰게 된 특정한 맥락과 관련이 있을까요? 이를테면, 로마서 14장은 (방금 언급한 모세 율법의 대표적인 특징이라 할 수 있는) 유대인의 음식법을 지켜야 하는지, 아닌지를 두고 벌어진 논쟁을 다룹니다. 여기서 논점은, 공동의 식사 자리(common table)에 어떤 음식이 적합한지 아닌지와 같이 실제적인 문제들을 놓고 논쟁이 벌어졌을 때, '그리스도인들은 과연 어떻게 행동해야 하는가?'에 맞춰져 있습니다. 이 부분에서 나오는 세부 사항들은 초기 기독교가 로마에서 어떻게 비춰졌는지 더 정확히 이해할 수 있도록 도와줄 뿐만 아니라, 편지의 나머지 부분을 선명하게 밝혀 주기도 합니다. 또 다른 예로 로마서 13:1-7을 들 수 있습니다. 이 본문은 신자들에게 다스리는 통치자들(authorities)에게 "복종하라"고 가르칩니다. 과연 무엇이 바울로 하여금 이러한 가르침을 전하게 만들었을까요?(이는 바울의 다른 편지들에서는 나타나지 않는 내용입니다) 로마서

---

5   이 문제에 대한 논의는 이 책의 2장을 참고하시기 바랍니다.

안에서 이러한 질문들에 대한 답을 찾는 일은 특히 더 어렵습니다. 바울은 (그가 편지를 쓴 대상인) 로마의 그리스도인 공동체를 방문한 적도 없는 데다가, 자신의 견해를 내비치는데 있어서도 신중해야 하는 상황이기 때문입니다.

어쩌면 바울의 편지들을 가르치고 설교하는 일에 헌신하는 우리와 같은 사람들에게는, 바울의 윤리적인 가르침들이 우리가 서 있는 배경과 과연 어떻게 연결될 수 있는지에 대한 질문이 가장 중요한 질문일 것입니다. 오늘날 우리는 기독교 공동체 안에서 그 가르침들을 어떻게 해석하고 있나요? 바울이 로마서 14장에서 음식에 대한 관습의 차이를 두고 언급한 내용들이, (우리가 속한) 기독교 공동체 안에 있는 차이점들을 절충하는 데에 어떤 실마리를 던져줄 수 있을까요? 만일 로마서 13:1-7에서 배울 점이 있다고 한다면 어떤 것이 있을까요? 최근 수십 년 동안, 기독교인들 사이에서 동성애(homosexuality)에 관한 격렬한 논쟁이 일어났고, 그 논쟁은 로마서 1장에 있는 동성(same-sex) 관계에 대한 바울의 발언들을 두고 끊임없이 논의를 나누었습니다(아래에서 더 자세히 다루겠습니다). 바울이 제시하는 모델—차이점들을 절충하는 모델—은 오늘날 맹렬하게 불붙는 논쟁에 참여하는 기독교인들에게 과연 유용한 지식을 제공할 수 있을까요?

이처럼 복잡하고 까다로운 질문들이, 바울의 윤리에 대한 논의

가운데 이런저런 형태로 계속해서 발생합니다.[6] 저는 이번 장에서 윤리에 관한 이러한 전통적인 질문들을 다루기 보다는, 이전 장들과 마찬가지로 우리의 읽기 방식이 지나치게 협소하다는 점을 재차 강조하고자 합니다. 구체적으로 말해서, 바울의 윤리에 관한 우리의 생각은 다소 제한되어 있습니다. 우리는 그의 편지 안에서 전개되는 논리를 잃어버리고 그저 개별적인 질문들에 답을 찾는 일에만 골몰합니다. 만일 우리가 바울의 편지 속에 있는 논리를 따라간다면, 결국 "우리가" 어떻게 살아야 하는지를 두고 고민할 최적의 시작점이 바로 예배임을 깨닫게 될 것입니다.

그저 관습대로 윤리에 대해 교육을 받은 사람들은 예배가 다소 이상한 시작점이라고 생각하거나, 완전히 다른 주제라고 생각할 수도 있겠습니다. 신학교 안에서도 예배와 윤리는 서로 좀처럼 맞닿지 않는 다른 연구 분야, 다른 교육 과정, 다른 주제이지요. 보통 "예배"라는 단어는 주일 아침 특정한 시간 동안 지역 교회 안에서 벌어지는 일을 가리키지만, "윤리"는 중대한 이슈들을 논의하는 성

---

6 수많은 학자들이 이러한 문제들을 연구합니다. 특히 다음의 자료들을 참조하시기 바랍니다. Furnish, *Theology and Ethics in Paul;* Richard B. Hays, *The Moral Vision of the New Testament: A Contemporary Introduction to New Testament Ethics* (San Francisco: HarperOne, 1996); and David G. Horrell, *Solidarity and Difference: A Contemporary Reading of Paul's Ethics*, 2nd ed. (London: T&T Clark, 2015). 전문적인 책은 아니지만 일부 논쟁적인 이슈들을 세심하게 다룬 책도 있습니다. Victor Paul Furnish, *The Moral Teaching of Paul: Selected Issues*, 3rd ed. (Nashville: Abingdon, 2009).

인 교육 포럼(의 내용)을 가리키거나, 혹은 지역 봉사 프로그램 참여
하는 모습을 가리키니까요.

게다가 종종 로마서를 읽을 때조차 우리는 예배보다는 기독교
교리를 찾으려 합니다. 예배와 관련하여 바울의 도움을 받고 싶을
때, 우리는 고린도전서 11-14장을 살펴보곤 합니다. 그곳에서 바울
은 성찬식을 지키는 일에 관해 설명하고, 또한 예배를 구경거리로
만들지 않고 사람들의 영적인 은사들을 존중하면서 (예배)드리는 방
법에 관해 솔직하게 조언합니다. 하지만 로마서의 구성에 있어서
도 예배는 아주 깊이 뿌리박혀 있습니다. 흔히 로마서 안에서 "윤
리적인" 부분이라 여겨지는 단락의 도입부에서부터 그것을 확인할
수 있습니다.

"여러분의 몸을 헌금함에 드리세요": 로마서 12:1-2

로마서에서 가장 유명한 본문들의 순위표가 있다면 아마도 상
위를 차지했을, 로마서 12:1-2로 논의를 시작하고자 합니다. 이 본
문은 흔히 평생 교육 소책자나, 청소년 수련회의 표어로 나타나곤
합니다.

> 그러므로 하나님의 자비하심으로 저는 형제 자매 여러분들에게 권
> 합니다. 여러분의 몸을 산 제물―하나님께서 기뻐하시는 살아있는

거룩한 제물—로 드리세요. 그것이 여러분이 드릴 합당한(reasonable) 예배입니다. 이 시대에 순응하지 말고, 마음(mind-set)을 새롭게 함으로 변화되세요. 그러면 무엇이 하나님의 뜻—선하시고 기뻐하시고 완전하신 뜻—인지 분별할 수 있게 됩니다. (롬 12:1-2)

이 권면은 로마서 안에서 전환점과 같습니다. 하나님과 이스라엘(그리고 이방인들)의 관계에 대한 로마서 9-11장의 논의가 끝나자마자 등장하는 이 본문은 로마서의 "윤리적인 부분"을 소개하고 있습니다. 이 본문은 일종의 렌즈를 제공하고 있으며, 그 렌즈를 통해 우리는 편지(본론)의 나머지 부분들을 읽고 해석하게 됩니다. 여기서 바울은 로마의 그리스도인들을 가리켜, 하나님께서 예수 그리스도 안에서 행하신 일 덕분에 죄의 속박으로부터 해방된 사람들이라고 부릅니다. 하나님의 자비로운 간섭(개입) 덕분에 그들은 더 이상 죄와 죽음에 무력하지 않게 행동할 수 있는 능력을 얻었습니다. 12:2은 이러한 내용을 요약하는데, 곧 그들은 더 이상 "이 시대"에 속박되지 않고 새로운 마음, 새로운 정신으로 하나님의 뜻을 분별할 수 있게 되었습니다.

"여러분의 **몸**을 산 제물—하나님께서 기뻐하시는 살아있는 거룩한 제물—로 드리세요. 그것이 여러분이 드릴 합당한 예배입니다"라고 말하는 1절은 어떻습니까? 대중적인 견해들은, 그리스도인들의 생각 속에 인간의 몸에 대한 부정적인 태도가 새겨진 데에는 바울에게 책임이 있다고 보지만, 사실 바울이 "몸" (그리스어로 소마 [sōma], 영어 단어 "몸의[somatic]를 떠올려 보세요")이라는 단어를 사용할 때는 전인(whole person)을 가리킨다는 점에 잠시 주목할 필요가 있습니다. 갈라디아서 6:17의 경우, 바울이 "저는 제 몸에 그리스도의 흔적을 지니고 있습니다."라고 말할 때, 그 "몸"은 육체적인(physical) 몸을 가리키는데요. 하지만 (로마서 12:4-5에서, 그리고 고린도전서 12장에서 보다 광범위하게) 바울이 교회를 가리켜 그리스도의 몸이라고 말할 때는, 물리적인 성격 그 이상을 이야기하는 것입니다. 로마서 12장에서도 바울이 청중들에게 그들의 "몸"을 드리라고 촉구하는 것은, 곧 "여러분 자신을, 여러분의 전부를 드리세요"라고 말하는 것과 같습니다.

이러한 발언은 그 자체로, '혹 바울이 가진 "은혜"에 대한 이해가 실은 "값싼 은혜"에 지나진 않는가?'하는 우려를 강하게 반박합니다.[7] 12:1-2을 보면, 바울에게 있어 은혜는 완전히 값없는 것이면서, 동시에 완전히 값비싼 것—모든 것을 요구한다는 점에서—입니다. 이와 같은 생각은, 바울이 자신의 회심 혹은 사도(임무)로의 부르심에 대해 이야기할 때 몇 차례 표출됩니다. 이를테면, 빌립보서 3장에서 바울은 회심 이전에 자신의 경력을 보여주는 간단한 이력서를 제시하는데요. 바울은 먼저 날 때부터 혹은 가족의 활동으로 인해 얻게 된 특성들을 나열하고, 이어서 자신이 걸어온 방향을 설

---

7   바울의 사상 속 은혜와 관련해서는 Barclay의 대작을 참조하시기 바랍니다. John M. G. Barclay, *Paul and the Gift* (Grand Rapids: Eerdmans, 2015).

명합니다. 그는 바리새인이었고 열심으로는 교회를 "박해한" 사람이었습니다.[8] 또한 모세의 율법으로 보면 흠이 없는 사람이었습니다(빌 3:5-7). 그리고 바울은 곧바로 자신의 지위를 보여주던 그 모든 표시들을 잃어버리게 되었다고 이야기합니다. 바울은 그리스도께 사로잡혔기에 그 지표들을 모두 배설물로 여깁니다(빌 3:8, 12). 복음을 위해 바울은 모든 것을 지불했습니다. 바울이―갈 1:11-17에서도―이러한 언급을 한 이유는 마치 페이스북에서 하는 소식 업데이트처럼 자신의 신앙 여정을 떠벌리기 위함이 아니었습니다. 그는 복음이 가진 충격적인 영향력을 보여주고자 한 것입니다. 복음은 그야말로 새로운 창조를 일으킨다는 것을요(고후 5:17; 갈 6:15).

바울이 전인을 드리라고 촉구할 때, 그는 예배의 언어를 사용합니다. "제물을 드리다"라는 표현은 바울이 살던 세계의 다른 곳에서도 발견되는 전문적인 용어입니다.[9] 또한 바울은 그것이 "여러분이 드릴 합당한 예배"라고 말합니다. NRSV성경은 이를 "영적인"(spiritual) 예배로 읽습니다만(롬 12:1), 그러한 번역은 오해의 소지가

---

8 "박해한"에 기록된 인용 표시는, 실제로 바울의 반응은 폭력적인 형태가 아닌 말의(十누석) 형태로 이루어졌을 수도 있다는 주장을 반영하는 것입니다. Beverly Roberts Gaventa, *From Darkness to Light: Aspects of Conversion in the New Testament* (Philadelphia: Fortress, 1986), 17-51.

9 Walter Bauer, Frederick William Danker, W. F. Arndt, and F. W. Gingrich, eds., *A Greek-English Lexicon of the New Testament and Other Early Christian Literature*, 3rd ed. (Chicago: University of Chicago Press, 2000), 462-63에서 제공하는 예시들을 참조하시기 바랍니다.

있습니다. (적어도 북미 그리스도인들에게) 그러한 표현은 사람의 내면에서 일어나는 어떤 사적인 것(private), 심지어 실재하지 않는(unreal) 그 무언가를 암시하기 때문입니다. 하지만 바울이 말한 이 예배는 합당한 것이자, 하나님의 행동들과 꼭 들어맞는 것입니다.

바울은 더 나아가 이 제물이 "하나님께서 기뻐하시는 거룩한 산 제물"(롬 12:1)이라고 말합니다. 때때로 1절의 권면은, 특히 방금 언급한 표현은 유대인들의 희생제사 제도 혹은 일반적인 동물 희생제물에 대한 반론(비판)으로 환원되곤 합니다.[10] (그러한 희생제사는 유대인의 종교 전통에서뿐만 아니라 비-유대인의 종교 전통에서도 지켜졌습니다). 하지만 그러한 주장은 바울의 편지들이 보여주는 증거와 들어맞지 않습니다. 일단 바울은 다른 어느 곳에서도 동물 희생제물 사용에 대해서 비판하지 않았습니다. 히브리서의 경우 상당한 분량을 할애하여 예루살렘 성전에서 드려지는 희생제사(제물)와 예수의 희생제사(제물)를 비교합니다만, 그러한 비교는 바울과 딱히 관련이 없습니다.[11] 또한 바울은 이제 막 하나님과 이스라엘의 관계에 대한 길고 복잡

---

10 Arland J. Hultgren, *Paul's Letter to the Romans: A Commentary* (Grand Rapids: Eerdmans, 2011), 439–40; Ernst Käsemann, *Commentary on Romans*, trans. and ed. Geoffrey W. Bromiley (Grand Rapids: Eerdmans, 1980), 326–29; James D. G. Dunn, *Romans 9–16*, WBC 38B (Dallas: Word, 1988), 708–11.

11 로마서에서 치열한 논쟁을 일으키는 구절 중 하나인 3:25에서, 바울은 그리스도를 "속죄소"(mercy seat)와 동일시합니다. 하지만 이 부분을 희생제사 제도에 대한 반론으로 읽는 것은 무리한 해석입니다.

한 이야기를 조심스레 마무리한 상태입니다. 그 이야기는 하나님께서 이스라엘에게 주신 선물들—예배도 포함—의 목록으로 시작해서(롬 9:4), 하나님의 선물들과 부르심은 돌이킴이 없다는 강력한 확신으로 완성되었습니다(롬 11:29). 만약에 바울이 그 이야기 이후 곧바로 유대인들의 예배 관습을 비판하는 것이라면, 오히려 역효과만 낳는 일일 것입니다.

로마서 12:1-2을 다른 종교 전통에 대한 비판으로 탈바꿈시키는 것은, 그 본문과 적당히 거리를 두는 편리한 방법입니다. 바울의 급진적인 주장, 곧 참된 예배는 하나님의 것—전인(whole person)—을 하나님께 돌려드리는 것이라는 주장을 외면함으로써, 우리는 또다시 이 본문을 바꾸기 쉽고 다루기 쉬운 사소한 목소리로 환원시키는 것입니다. 하지만 사실 로마서 12:1-2은 우리가 다룰 수 있는 길들여진 메시지가 아니라, '하나님께서 우리에게 하시는 요구에는 한도가 없다'라는 아주 위협적인 개념을 제시하고 있습니다.

이와 평행을 이루는 다른 본문을 찾는 일은 어렵지 않습니다. 누가복음 20장을 보면, 예수님께서 카이사르(가이사)에게 세금을 바치는 것이 "정당한" 일인지를 묻는 교활한 질문에 맞서 다음과 같이 대답하십니다. "카이사르의 것은 카이사르에게, 하나님의 것은 하나님에게 바치라"(눅 20:25; 막 12:17; 마 22:21). 예수님의 이 가르침은 많은 교회들 안에서, 세금을 내야 한다는 당위성, 혹은 세금과 함께 교회의 저당도 지불해야 한다는 당위성에 대한 증거 본문이 되었습니다. 하지만 (마가복음, 마태복음과 함께) 누가복음은 모든 것이 만물의 창조주 하나님의 것이며, 또한 그 하나님께서 이스라엘의 구속과 세계의 구원을 위하여 그분의 아들을 보내셨음을 이야기하고 있습니다. 예수님의 말씀을 세금을 내라는 조언 정도로 환원시키는 것은, 곧 하나님의 (활동)무대를 정리하여 활용하기 용이하고 거슬리지 않도록 축소시키는 일과 같습니다.

로마서 12:1이 목표로 하는 순효과(net effect)는 그리스도인의 삶을 예배의 영역 안에 놓는 것입니다. 앞서 로마서 11장을 마무리 지었던 송영은 예배의 효과를 더욱 증폭시켰습니다. "만물이 그분에게서 나오고 그로 말미암고 그에게로 돌아갑니다. 하나님께 영광이 영원토록 있을 것입니다. 아멘!"(롬 11:36). 뵈뵈가 이 편지를 로마에 모인 그리스도인들에게 큰 소리로 읽어주었을 때 (36절의) "아멘!"이라는 외침은, 편지를 듣는 사람들에게서 응답을 이끌어냈을 것입니다(이 응답에 대해서는 아래에서 더 자세히 다루겠습니다). 이어서 로마의 그리스도인들은 자신들이—모인 사람들이—곧 제물이며, 합당한 예배(활동)라는 이야기를 듣게 되었을 것입니다.

윤리에 대한 바울의 가르침을 담은 이 짤막한 본문은 단순히 다른 사람들의 종교적인 관습을 비판하는 본문이 아닙니다. 또한 바울이 그저 예배의(예전적인) 용어를 사용하여 자신의 주장을 보다 선명하게 그려내는 본문도 아닙니다. 바울에게 있어서, 우리가 윤리라고 부르는 것 그리고 예배는 서로 없어서는 안 되는 관계입니다. 이 관계를 확인하기 위해서는 편지의 시작 부분까지 거슬러 올라가야 합니다. 그곳에서 바울은 복음이 하나님의 구원과 하나님의 진노, 모두를 계시한다고 선언하고 있습니다.

예배와 행동은 얽히고설켜 있으며 또한 부패했습니다

로마서 1:18에서 바울은 "하나님의 진노가 불의(wrong)로 진리를 막는 사람들의 모든 경건하지 않음과 불의에 반하여 하늘로부터 묵시적으로(apocalyptically) 나타납니다"라고 선포합니다. 그리고 바울은 상당한 분량(적어도 19-32절까지)을 할애하여 이 선포가 어떠한 의미인지 풀어냅니다. 1:18을 두고 학자들 간에 치열한 논쟁이 벌어졌고 많은 질문들이 쏟아졌습니다. 이를테면, 이 구절이 편지 안에서 어떠한 역할을 하는지, 혹은 바울의 논지(형성)에 어떠한 영향을 주는지와 같은 질문들이었습니다. 한편, 1:26-27은 성경과 인간의 성, 특히 동성애 관계에 대한 논의에서 중요한 자리를 차지해왔습니다. 최근 수십 년간 북미 기독교를 휩쓴 동성애에 대한 심각한 의견 차이를 감안해보면, 이 본문에 대한 뜨거운 관심이 이해가 되기도 합니다.

하지만 한쪽에만 스포트라이트를 비추면, 나머지 부분들이 어두워지듯이, 1:26-27에 지나치게 큰 관심이 쏟아지자, 나머지 구절들이 모두 감춰져 버렸습니다. 사실 스포트라이트의 방향을 26-27

절로 돌리는 일은 그 두 절조차 왜곡시키는 결과를 낳습니다. 독자들로 하여금 실제로 바울의 유일한 관심은 성적인 행위에 있었다고 생각하게 만들기 때문입니다.[12]

동성애에 대한 모든 논쟁들 가운데 자주 감춰지는 부분은 안타깝게도, '다른 모든 문제들을 일으키는 문제는 곧 하나님을 향한 예배를 멈추는 것'이라는 바울의 주장입니다. 바울은 "하나님의 진노가 불의로 진리를 막는 사람들의 모든 경건하지 않음과 불의에 반하여 하늘로부터 묵시적으로 나타납니다"(롬 1:18)와 같은 압도적인 선포로 이야기를 시작했습니다. 바울은 그가 말하고자 하는 바가 무엇인지 설명하기 시작하면서, "그들이" 자신들에게 계시된 하나님에 관한 지식이 있었음에도, "하나님을 하나님으로서 영화롭게 하지도 않고 감사하지도 않았다"(롬 1:21)고 이야기합니다. 계속해서 바울은 그들이 어리석어서, 썩지 않는(불멸의) 하나님의 영광을 썩는 인간—그리고 새와 네발짐승—심지어 기어다니는 동물 형상(image)의 모양으로 바꾸었다고 이야기합니다(롬 1:23). 바울은 그러한 이유로 "하나님은 그들을 넘기셨다"고 말하는데, 이와 동일한 표현이 무려 세 번이나 반복됩니다(롬 1:24, 26, 28).[13] 바울은 하나님께서 "그들

---

12   로마서 1:26-27에 관해 더 알고 싶은 분들은 Furnish, *Moral Teaching of Paul*, 55-93, Hays, *Moral Vision*, 379-406가 도움이 될 것입니다.

13   로마서 안에서 "넘기다"라는 표현과 그 중요성에 대해서는 다음의 자료를 참조하시기 바랍니다. Beverly Roberts Gaventa, *Our Mother Saint Paul* (Louisville: Westminster John Knox, 2007), 113-23.

을" 넘기셨다는 언급 이후, 탐욕, 시기, 간교한 속임수, 험담을 비롯한 모습들뿐만 아니라, 통제불능의 성적인 행동들을 나열하는데요. 우리는 보통 성에 대한 바울의 언급에만 집착한 나머지, 목록 전체의 내용을 제대로 보지 못하기 때문에, 먼저 그 목록에 충분히 주의를 기울이는 것이 중요합니다. (자신이 이 단락에 나오는 목록과 상관이 없다는 생각이 든다면, 1:29-32을 다시 천천히 읽어볼 필요가 있습니다.)

이 단락의 논리는 명확합니다. 바울이 매섭게 책망하는 그 모습들은 모두 하나님을 예배하기를 거부하고, 피조물을 마치 하나님처럼 대우한 결과입니다. 즉, 바울은 지금 우상 숭배를 말하고 있습니다. 오늘날 우리는 우상 숭배하면 마치 우리와는 상관없는 것처럼 생각하지만요.

다르게 말하자면, 바울에게 있어 예배와 (인간의) 행동의 관계는 명확합니다. 예배를 그만두는 것—바울이 "하나님을 영화롭게 하지도 않고 감사하지도 않았다"고 말한 것을 가리킵니다—은 왜곡된 수많은 행동들의 원인이 됩니다. 그렇다면 비록 따로 서술되진 않지만 그럼에도 당연한 귀결은 곧, '하나님을 마땅히 찬송하는 것이, 올바른 행동을 위한 조건—사실상 유일하게 가능한 조건—이다'라는 것입니다.[14]

물론 로마서 1:18-32을 읽거나 듣고 나서, 바울이 다른 누군가

14　바울의 견해에 따르면, 예배의 "조건"은 예수 그리스도 안에서 일하신 하나님의 행위—이 책의 1장에서 논의한 것처럼 구원을 가리킵니다—를 통해서만 충족될 수 있습니다.

에 관해서 말하는 것이라고 결론을 내릴 수도 있을 것입니다. 얼핏 편지의 청중들로 하여금 그런 식으로 읽거나 듣기를 바라는 것처럼 보이기도 합니다. 바울은 "그들이" 누군지를 밝히지 않았고 따라서 청중들은 자신들(우리들)이 포함되지 않는다고 생각하는 게 당연한 것 아니냐고 말할 수도 있습니다. 또한 바울의 언급들은 초기 유대 문헌 일부에서 발견되는 이방인을 비판하는 논쟁(polemics)과 유사하기 때문에,[15] 바울이 그저 이방인들—이교도들(pagans)—에 대해서만 이야기하고 있는 것이라 보는 것도 불가능한 일은 아닙니다. 그리고 그렇게 보는 맥락 속에서 과연 바울의 말이 어떻게 들렸을지 상상해 보는 것은 어렵지 않은 일입니다.[16]

생각해 보세요. 우리 모두는 그들에 관해서 잘 압니다. 우리 모두가 그들은 온갖 것들을 예배하는 사람들임을 알고 있습니다. 또한 여러분은 그들이 아무거나 먹고 아무하고나 잔다는 것을 알고 있을 것입니다.

오늘날 우리 역시 이런 식의 이야기가 낳은 결과물을 이따금씩

---

15   일방적인 논쟁(비판)은 아니었습니다. 유대인을 향한 이방인의 비방이 기록된 본문들을 모은 책을 참조하시기 바랍니다. Menahem Stern, ed., *Greek and Latin Authors on Jews and Judaism*, 3 vols. (Jerusalem: Israel Academy of Science and Humanities, 1974-84).

16   유대 문헌 중에서 로마서 1:18-32와 유사한 반-이방인 논쟁이 나타나는 사례는 다음과 같습니다(지혜서 11:15-16; 12:24; 13:1-10; 15:1-16:1).

마주하곤 합니다.

> 그들은 일은 하지 않고 정부 지원금만 바라는 사람들입니다. 우리가
> 일하러 나간 동안 그들은 그저 집에 앉아서 텔레비전을 봅니다. 또
> 한 새 차를 타고 식료품점으로 가서 정부에서 주는 식품 구매권으
> 로 냉동 식품을 삽니다. 우리는 그들에 관해서 잘 압니다.

하지만 다른 사람들에게서 잘못을 찾고 정작 자신의 잘못은 어물쩍 넘어가는 태도는 바울에게서 결코 나타나지 않습니다 (물론 예수님에게서도 나타나지 않지요. 마 7:1-5에 기록된 예수님의 경고를 보세요). 로마서 2장에서 바울은 인간의 문제가 다른 곳에, 다른 사람들에게 있으며 우리와는 아무런 관련이 없다는(식의) 전제를 무너뜨리고 있습니다. 바울은 다소 에둘러 말하면서도 결국 모든 사람은 다 예외없이 죄의 권세 아래 있다는 결론으로 향했습니다(롬 3:9). 그다음 바울은 3:10-18에서 연쇄 인용(catena)—출처가 다른 성경 본문들을 가져와 엮어내는 것을 가리키는 전문적인 용어—을 활용하는데, 인용되는 대다수 본문이 시편에서 왔습니다.

연쇄 인용으로 인하여 이 단락 전체는 그 누구도 옳은 일을 행하지 않는다는 단호한 주장으로 결론이 납니다. 이 연쇄 인용은 1:18-32의 언급들 일부를 뒷받침하는데, 그 시작은 다음과 같습니다.

의인은 없으며, 심지어 단 한 사람도 없습니다.

깨닫는 사람도 없습니다.

하나님을 찾는 사람도 없습니다. (롬 3:10-11)

이어서 이와 유사하게 마무리됩니다.

그들은 평화의 길을 알지 못합니다.

그들의 눈 앞에는 하나님을 두려워함이 없습니다. (롬 3:17-18)

바울이 지금 좁은 의미에서의 예배에 관해서, 다시 말해 정해진 장소, 정해진 시간에 이루어지는 형식을 갖춘 예배 행위에 관해서 말하는 것이 아니라는 점은 분명합니다. 바울은 로마서 1장 때처럼 구체적으로 하나님께 감사하라거나, 하나님을 찬송하라고 말하지 않고 있습니다. 그렇지만, '하나님을 찾는 사람도 없고(시편 14편), 하나님을 두려워하는 사람도 없다(시편 36편)'는 주장 속에서, 넓은 의미에서의 예배—피조물이 창조주를 마땅히 인정하는 것—가 표현되고 있습니다.

바울은 연쇄 인용을 1:18-32과 보다 긴밀하게 연결시키면서, 예배의 부재에 관한 이와 같은 단호한 주장을, 잘못된 행동에 대한 구체적인 책망과 결합시킵니다.

모두가 외면하여 함께 쓸모가 없게 되었습니다.

심지어 선을 행하는 사람이 한 사람도 없습니다.

단 한 사람조차 없습니다. (롬 3:12)

연쇄 인용의 중반부에서는 악독한 말과 인간의 폭력에 관하여 구체적으로 책망합니다.

그들의 목구멍은 열린 무덤이며 그들의 혀로 속임을 일삼습니다. 그들의 입술에는 독사의 독이 있습니다. 그들의 입은 저주와 독설로 가득 찼으며 그들의 발은 피를 흘리는 데 빠릅니다. 그들의 길에는 파멸과 비참함이 있습니다. (롬 3:13-16)

(3:10-18의) 연쇄 인용에서 로마서 1장과의 논리적인 연결이 명확하게 보이지는 않습니다. 1장에서의 논지는 인간이 예배를 그만두자—왜곡된 예배—하나님은 인간을 넘기셨고, 그 결과 바울이 책망하는 행동으로 이어지게 되었다고 이야기합니다. 그런데 다양한 시편 본문으로 이루어진 3장의 연쇄 인용은, 1장의 (논지)전개에 그다지 힘을 보태지 않습니다.[17] 그럼에도 (3:10-18의) 연쇄 인용 안에서

---

17 연쇄 인용(catena)의 역할과 구성에 대한 더 자세한 논의는 다음의 자료를 참고하시기 바랍니다. Beverly Roberts Gaventa, "From Toxic Speech to the Redemption of Doxology in Paul's Letter to the Romans," in *The Word Leaps the Gap: Essays on Scripture and Theology in Honor of Richard B. Hays*, ed.

적어도 하나님을 예배하지 않는 일과, 책망받아 마땅한 행동 사이에 구축된 관계를 분명히 찾아볼 수 있습니다. 이처럼 하나님을 향한 예배의 거부와 불의한 행동 사이의 관계가, 바울이 1:18에서부터 말해온 내용―경건하지 않음과 불의한 행동이 뒤얽힌 혐의에서 벗어날 사람은 "단 한 사람도 없습니다"―이 확장되고 보강되는 형식을 통해 더욱 굳건해집니다. 다시 말해서, 예배와 (인간의) 행동은 서로 떼려야 뗄 수 없는 관계인 것입니다.

로마서 5-7장에 이르게 되면(인간이 죄[와 죽음]에 사로 잡힌 영역에 관해서는 이미 1장에서 논의된 바 있습니다), 1:18-3:20의 표면 아래 있던 내용―즉, 죄의 권세―이 전면에 드러납니다. 확실히 5-7장에서 바울의 언어는 예배와는 다소 관련이 적으며, 그보다는 죽음을 초래하는 죄(Sin)의 힘, 그리고 더 큰 승리를 거두는 은혜(Grace)의 힘과 관련이 있습니다. 그럼에도 4장에서는 아브라함이 하나님께 영광을 돌렸다고 언급한 바 있으며(바울이 이전에 다른 사람에게는 사용한 적이 없는 표현입니다), 5장에서도 분명 "우리는 경건하지 않은 사람들이었습니다"라고 밝히고 있습니다.

J. Ross Wagner, C. Kavin Rowe, and A. Katherine Grieb (Grand Rapids: Eerdmans, 2008), 392-408.

예배와 재창조된 행동

우리는 로마서의 초반부가 예배와 윤리 사이의 부정적인 관계를 묘사하고 있음을 살펴봤습니다. 예배의 부재, 예배의 왜곡은 불의한 행동을 낳습니다. 마침내 로마서 8장에 이르게 되면, 바울은 죄의 힘에 대한 설명을 그만두고 영(Spirit, 성령)의 힘을 설명하기 시작합니다. 8장에서 우리는 예수 그리스도의 죽음과 부활 가운데 복음이 도래했고 그 결과로 하나님을 예배하는 것—인간은 이 예배를 멈췄었고 죄는 이 예배를 왜곡시켰습니다—이 다시 가능해진 것을 목격하게 됩니다. "아빠 아버지!"라고 부를 수 있게 된 것은 "우리가" 영(성령)을 받았기 때문입니다(롬 8:15). "우리는" 성령의 간구로 인하여 예배의 결실을 얻게 됩니다. 우리를 위해 간구하시는 성령이 우리를 보살핍니다(롬 8:23, 26). "우리는" 하나님을 거역하는 권세들의 끊임없는 활동에도 불구하고 그에 맞서 모든 피조물들과 함께 부르짖습니다(롬 8:22-23). 그러므로 성령의 사역에 대한 바울의 언급에서 드러나듯이, 인간의 예배는 하나님을 향한 부르짖음 속에서 거듭납니다.

흔히 로마서는 전적으로 신학하고만 관련이 있다고 말합니다. 일부 해석가들은 제가 로마서 1-3장에서 예배로 분류한 내용을 보고, 그것이 예배 그 자체보다는 신학이나 신앙과 더 관련이 있다고 이야기합니다. 흔히 있는 일이지만 여기서 우리가 가진 범주라는 것이 이해를 돕기도 하고 이해를 더 어렵게 만들기도 한다는 점을 기억할 필요가 있습니다. 물론 저 또한 바울의 편지가 상당히 신학적이라는 데에는 분명 동의합니다. 하지만 바울의 언어는 단순히 하나님이 창조주이심을 **아는 것** 혹은 하나님에 관한 어떤 명제들에 **동의하는 것**에 대해 말하고 있는 것이 아닙니다. 바울의 언어는 찬양과 감사를 드리는 것, 즉 근본적으로 예배라는 행위들과 관련이 있습니다. 실제로 로마서 1:18-32에서 바울이 말하는 것은, 인간들은 하나님을 알면서도 하나님을 마땅히 예배하기를 거부한다는 점이었습니다.

로마서 1-3장에서 이루어진 인간에 대한 통렬한 비판 그리고 8장에서 드러난 예배의 회복은, 예배와 윤리의 관계를 설명하는 크고 복잡한 문제를 그리스도인의 삶 안에 집어넣었습니다. 예배와 윤리에 관해서 우리는 긍정적인 측면에서 말할 수 있을까요? 윤리적으로 참된 예배는 어떤 모습일까요? 또한 예배적인(예전적인) 측면에서 보는 윤리는 어떤 모습일까요?

이러한 질문들에 만족스러운 대답을 내놓으려면, 이 책이 가진 제약들을 훌쩍 넘어서야 할 것입니다. 그럼에도 제가 초기에 관찰한 내용들이 분명 시사하는 바가 있다고 생각되어 몇 가지 나누고자 합니다.

첫째는, 지금쯤이면 분명하게 전해졌기를 바라는 내용입니다. 그 내용인즉슨 예배가 이 편지에서 중요한 역할을 한다는 주장이, 곧 바울이 특정한 유형의 예배를 옹호한다거나 혹은 예배에 어떤 요소가 들어가야 하는지 아닌지에 관해서 어떤 단서를 제공한다는 의미가 아니라는 점입니다. 바울은 세례에 관해서 짧게 한 번 언급하는데(롬 6:3-4), 거기서조차 세례는 정작 관심의 대상이 아닙니다. 그 본문은 우리에게 예배 규칙서가 아니라 실제 모습을 보여줄 뿐입니다. 고린도전서의 경우 예배의 특정한 요소에 관해 생각하는 데 좋은 편지라고 말할 수 있긴 하지만, 그럼에도 그조차 예배를 둘러싼 오늘날의 갈등을 해결해 주지는 못합니다.

둘째는, 예배가 로마서라는 편지 안에서, 그리고 그 편지를 통하여 일어난다는 점입니다. 바울은 그의 편지가 예배를 일으킬 것이라고 예상하거나 적어도 희망하고 있습니다. 이를테면, 로마서 1:25에서 바울은 "그들은 하나님의 진리를 거짓 것으로 바꾸었으며, 창조주보다 피조물을 더 예배하고 섬겼습니다"(롬 1:25상[반절])라는 주장과 함께, 그가 인간들의 반역에 관해 비판했던 내용을 반복합니다. 그다음에 바울은 "창조주는 곧 영원히 찬송을 받을 분이십니다, 아멘!"(롬 1:25하[반절])이라고 덧붙입니다. J. 루이스 마틴(Louis Martyn)이 실마리를 주었고, 또 제가 다른 곳에서도 주장했듯이,[18] 여기서 바울은 로마의 그리스도인들이 뵈뵈의 편지 낭독을 듣고 그녀의 말에 "아멘"으로 화답할 것이라 기대하고 있습니다. 결국 "아멘"은

---

18   Beverly Roberts Gaventa, "'For the Glory of God': Theology and Experience in Paul's Letter to the Romans," in *Between Experience and Interpretation: Engaging the Writings of the New Testament*, ed. Mary F. Foskett and O. Wesley Allen Jr. (Nashville: Abingdon, 2008), 53-65.

예배라는 배경 안에서 본래부터 그 고유의 자리를 가지고 있었다고 할 수 있습니다.

이와 같은 표현들이 편지 곳곳에 흩어져 있습니다. 하나님과 이스라엘의 관계에 관한 바울의 까다로운 논의는 "아멘"이란 단어로 시작하고 또 "아멘"이란 단어로 마무리됩니다. 곧 바울은 로마의 청중들이 이스라엘을 향한(사실은 모든 사람들을 향한) 하나님의 자비를 전하는 자신의 이야기에 맞추어, 하나님을 찬양하도록 이끌고 있습니다. 중요한 또 하나의 부분은 편지 본론의 끝에서, 바울이 로마의 그리스도인들에게 자신을 위해 기도해 달라고 요청한 후, "평화의 하나님께서 여러분 모두와 함께 계실 것입니다, 아멘"(롬 15:33)으로 마무리하는 부분입니다. 바울은 이를 통해 그저 예루살렘에서 자신이 받아들여지기를 기도해 달라고 부탁하는 것이 아닙니다. (로마의) 공동체가 모여서 편지의 내용을 듣고, 도움을 바라는 (바울의) 간구를 듣게 될 때, 바울(혹은 바울의 편지)은 실제로 그러한 기도를 일으킵니다. 바울은 지금 그곳에 모인 공동체가 계속해서 기도하리라는 것을 당연하게 여기고 있는 것입니다.

바울은 예배와 윤리 사이의 올바른 관계가 그의 편지를 읽음으로써 형성되기를 바라고 있습니다. 바울은 또한 예수 그리스도의 죽음과 부활 속에서 하나님께서 일하신 덕에, 친교(fellowship)의 자리로 부르심을 받게 된 자들의 모임(공동체) 안에서, 예배와 윤리 사이의 관계가 세워지기를 바라고—기대하며 예상하고—있습니다. 즉, 예배와 윤리의 관계를 "아멘" 하나로 구축하는 것이 그의 목표라고 해도 과언은 아닐 것입니다.

이른바 로마서 안에서 "윤리"적인 부분이라 불리는 12:1-15:6에서 드러나는 가장 명확한 특징 중 하나는 바로 공동체 생활 내부에 있는 질문들에 몰두한다는 점입니다. 바울은 고린도전서에서도 언급했던 그리스도의 몸 된 교회에 관한 내용을 반복하면서, "우리도 여럿이지만, 그리스도 안에서 한 몸을 이루고 있으며, 서로 지체(members)입니다"(롬 12:5)라고 말합니다. 그러한 상호 관계는 이후 내용에서 계속해서 반영되며, 바울이 "(연)약한 자"와 "강한 자"를 다루는 로마서 14장과도 직접적으로 연결됩니다. 역사적으로 이 14장을 두고 수없이 많은 질문들이 발생했고 또 복잡한 양상을 띠었습니다. (14장을 보면) 예수 그리스도께서 하나님의 메시아로서 오신 일은 곧 음식 (율)법들(kosher laws)을 무효화시키는 것이라고 믿었던 사람들의 일부(유대인과 이방인 모두)가 로마에 있었던 것으로 보입니다. 하지만 로마에 있었던 또 다른 이들(유대인과 이방인 모두)의 경우 음식법들이 계속해서 유효하다고 생각했습니다. 이러한 불일치는 공동체가 공동의 식사를 위해 모일 때, 심각한 갈등으로 번질 수 있었습니다. 모든 것을 먹는 사람들이 식탁 위에 뭐든지 올려도 괜찮다고 주장하게 되면, 코셔 음식만을 먹는 사람들은 불쾌감을 느끼거나 혹 분개할지도 모를 일이었습니다.[19]

---

19   Beverly Roberts Gaventa, "Reading for the Subject: The Paradox of Power

바울의 응답은 예상대로 신학적이었습니다. 바울은 모든 그리스도인들이 같은 하나님을 (집 주인으로) 섬기는 노예들일 뿐이며, 따라서 그 누구에게도 동료 신자를 비판할 권리는 없다고 주장합니다(롬 14:1-12). 그리고 바울은 모든 것을 먹는데 거리낌이 없는 이들에게, 그들의 모습 때문에 혹 믿음이 흔들릴 수도 있는 사람들이 있으니, 그러한 사람들을 위해 기꺼이 특권을 내어놓으라고 이야기합니다(롬 14:13-23). 그다음 15:1-6에서 바울은 그 이야기의 결론을 내립니다.

> [정말로] 강한 우리는 강하지 못한 자들의 약함을 견디고, 스스로를 기쁘게 하지 말아야 합니다. 우리 각 사람은 이웃을 기쁘게 하여 선을 이루고 덕을 세워야 합니다. 그리스도께서도 스스로를 기쁘게 하지 않으셨기 때문입니다. … 또한 인내와 위로의 하나님께서는 여러분이 그리스도 예수를 본받아 같은 생각을 품게 하셔서, 다 함께 한 입으로 하나님 곧 우리 주 예수 그리스도의 아버지께 영광을 돌리게 하셨습니다. (롬 15:1-6)

여기서 드러나는 논리는 다음과 같습니다. 곧 바울은 여기서 (공

---

in Romans 14:1-15:6," *JTI* 5 (2011): 1-12; John M. G. Barclay, "'Do We Undermine the Law?': A Study of Romans 14:1-15:6," in *Paul and the Mosaic Law*, ed. James D. G. Dunn, WUNT 89 (Tübingen: J. C. B. Mohr [Paul Siebeck], 1996), 287-308.

동체 내) 차이를 다루는 법을 가르치고 있습니다. 이는 공동체가 합쳐지도록(덕을 세우도록) 하기 위함이었죠. 하지만 그러한 상호 존중과 하나됨(획일성[uniformity]이 아니라 연합[unity]을 의미합니다)은 그 자체가 최종적인 목적은 아니었습니다. 궁극적인 목적은 하나님께 영광을 돌리는 것이었습니다. 1:18-32에서부터 나타났던 예배와 행동 사이의 부정적인 관계(즉, 예배를 그만두고 그 결과 일그러지게 된 삶)가, 마침내 하나님을 함께 찬양하는 공동체 안에서 회복되는 것입니다.

하지만 하나님을 찬양하는 일 가운데 공동체가 하나되는 것(획일성이 아니라 연합)은, 자칫 교회가 지나치게 교회 자체에만 사로잡히게 되는 결과로 이어질 수 있었습니다. 이를테면, '교회는 오로지 교회를 위해서만 존재한다', '교회는 교회의 경계 밖에 있는 자들을 섬기도록 부르심을 받은 것이 아니다'라는 식의 말들 속에서 우리는 그러한 태도를 발견하곤 합니다. 이와 같은 이슈에 대해서는 다음 장에서 좀 더 다루도록 하겠습니다. 지금은 로마서 15장에서 나타나는 예루살렘을 위한 헌금(연보)을 둘러싼 바울의 논의에 주목하겠습니다.[20] 그 수혜자들은 분명 동료 그리스도인들이었지만 동시에 바울이 가진 복음에 대한 이해, 특히 이방인들의 합류 문제를 두고 심각한 마찰이 있었던 신자들이었던 것으로 보입니다. 15:30-33

---

20 이 헌금은 분명 바울의 선교에 있어서 중요한 부분이었습니다. 참조, 고전 16:1-4; 고후 8-9. David Downs, *The Offering of the Gentiles: Paul's Collection for Jerusalem in Its Chronological, Cultural, and Cultic Contexts* (Grand Rapids: Eerdmans, 2016).

에서 (예루살렘에 헌금을 전달하는) 임무를 위해 (로마의 신자들에게) 간절히 기도를 요청하는 바울의 모습은, 그의 근심이 얼마나 컸는지를 정확히 보여주고 있습니다. 과연 그 근심이 어느 정도인가 헤아려 보고 싶다면, 오늘날 일부 기독교 그룹(이를테면, 동성애 혼인에 극렬히 반대하는 그리스도인들)이, 반대편 그룹(동성애 혼인을 지지하는 그룹)을 돕기 위해 헌금을 모았다고 상상해 보세요. 바울은 헌금이 받아들여지기를 바라며 애쓰고 있을 뿐만 아니라, 그 헌금을 예배(예전)의 언어로 표현하고 있습니다. 이방인들이 예배를 드리는 행동 가운데 모은 헌금은 (롬 15:28) 곧 제물이었습니다(롬 15:16).[21]

만일 윤리를 도덕적 행동에 대한 지속적이고 체계적인 반성으로 본다면, 바울의 편지 속에는 윤리가 없다고 해야 할 것입니다. 로빈 스크록스의 강의를 들은 목회자들의 반응처럼, 우리는 윤리가 우리에게 무엇을 해야 하고 또 무엇을 하지 말아야 하는지 명확하게 말해주기를 바랍니다(더 정확히 말하면, 우리는 자주 다른 사람들에게 그들이 무엇을 해야 하고 무엇을 하지 말아야 하는지를 말하기 위해 고안된 윤리를 원합니다). 또한 우리는 어떤 사람이 되어야 하는지 알고 싶어 합니다. 하지만 이것은 바울이 지금 하고 있는 작업이 아니며, 적어도 그가 자주 사

---

21 이 부분에 대한 그리스어가 모호하여 학자들 간의 번역이 상이합니다. 어떤 학자들은 바울이 이방인들을 가리켜 제물이라고 한 것이라 주장하고 (Robert Jewett, *Romans: A Commentary*, Hermeneia [Minneapolis: Fortress, 2007], 907), 또 어떤 학자들의 경우에는 바울이 이방인들이 모은 헌금을 가리키는 것이라고 생각합니다(Downs, *Offering of the Gentiles*, 147-57).

용한 방식도 아닙니다. 여기서 우리는 앞선 장들과 같이, 다소 잘못된 위치에서 시작했음을 깨닫게 됩니다. 이스라엘에 관한 질문들에서 그랬던 것처럼, 우리는 구원에 대한 질문들을 던지며 잘못된 위치에서 시작하곤 합니다. 또한 윤리에 대해서도 우리는 정작 근본적인 문제들은 제쳐두고 그저 전형적인 특정 질문들로 시작하기 쉽습니다.

로마서 안에서 근본적인 문제들은 하나님을 예배하는 것과 관련이 있습니다. 바울은 단순히 하나님에 대해 올바로 생각하고 이해하는 일에 대해서 말하고 있는 것이 아닙니다. 바울은 하나님 앞에 올바로 서는 것, 다시 말해 생각에 대해서 뿐만 아니라 예배에 대해서도 말하고 있습니다. 편지의 본론 부분, 즉 1:18부터 15:13까지가, 하나님을 예배하기를 거부하는 인간과 관련이 있으며, 동시에 복음을 통한 하나님의 개입 덕분에 다른 사람들과 함께 하나님을 찬송할 수 있게 된 인간과 관련이 있습니다.

도나 존슨(Donna Johnson)은 그녀의 회고록, 『성령의 아이』(Holy Ghost Girl)에서, 전도 집회에서 보냈던 어린 시절을 회상합니다.[22] 수년 동안 그녀의 어머니는 오르간 연주자로서 부흥사이자 치유 사역자였던 데이비드 테렐(David Terrell)과 함께 했습니다. 그리고 뻔히 예상되는 이야기처럼, 곧 성적 비행과 회계 부정이 뒤따르게 됩니다. 존슨은 테렐의 타락으로 인해 깊은 상처를 받았습니다. 그녀는

---

22 Donna Johnson, *Holy Ghost Girl* (New York: Gotham Books, 2012).

안타까운 마음으로 부흥 집회들 속에서 보냈던 시간, 곧 초월적인 감각과 가스펠 음악의 힘을 체험하고 통성 기도에 몰두했던 시간을 설명합니다. 존슨은 1950년대와 60년대 텍사스와 (미국) 최남부 지역에 걸쳐서 열렸던 그 집회에서 흑인과 백인이 함께 예배했다는 사실을 이야기합니다. 분리된 구역에 따로 앉았지만 이미 지역의 문화와 충돌하기엔 충분했고 실제로 (큐 클럭스) 클랜(Klan, 흑인의 동등한 권리에 반대하여 미국 남부 주들에서 결성된 백인 비밀 단체 -역주)의 관심을 끌기도 했다고요. 그런데 심지어 테렐은 그들이 함께 앉을 것을 요구하기까지 했습니다. 테렐은 다음과 같이 말했습니다. "우리는 모두 하나님의 자녀입니다. 그러니 내 집회에서는 모두가 함께 앉아야 합니다."[23] 존슨은 그런 테렐의 행동 이면에서 나타난 한계들에 대해 안타까워하며 솔직한 이야기를 전했습니다. 테렐과 그의 무리들은 예배의 자리 밖에서는 노골적으로 인종 차별적인 행동들을 이어나갔다고요.

존슨의 회고록은 상당히 충격적이면서도 동시에 예배의 힘—심지어 우리만큼 불의한 삶들 가운데서도 나타나는 힘—에 대한 꾸밈없는 증언이기도 합니다. 물론 바울이 단순히 예배 의식에 대해서, 공적인 예전 행위들에 대해서 말하고 있는 것은 아닙니다. 하지만 저는 도나 존슨의 묘사가 바울이 밝혀낸 예배와 행동 사이의 관계에 대한 확실한 증거일 수 있다고 생각합니다. 그녀의 판단을

---

23   Ibid., 55.

어렵게 만들었던 것은 테렐의 행동이었습니다. 테렐은 집회(장막)—하나님의 집—가 인종 차별의 장소가 될 수 없다는 깨달음으로 인하여, 그리고 예배로 인하여 달라지지 않을 수 없었던 것입니다. 거대한 (차별) 문화가 그를 압박하고, 그 문화로 인해 형성된 자아가 스스로를 몰아붙일 때조차, 그는 예배 자체의 목소리에서 완전히 벗어날 수 없었습니다.

다른 곳에서는 알 수 없다 하더라도, 예배의 형식 안에서는 우리의 주님이 누구이신지 분명하게 깨닫게 되며, 그에 따라 살도록 빚어지게 됩니다.

4장

로마서에 가면

서로를 받아들이세요

4장 로마서에 가면 서로를 받아들이세요

상당히 조심스럽지만 교회의 미래에 관한 불안감이 21세기 초반 수십 년에 걸쳐 미국의 기독교에 스며들었다고 말할 수 있습니다. 퓨 리서치 센터(Pew Research Center)는 2015년 5월 "기독교인의 인구 점유율이 급격하고 줄고 있다. 하지만 소속이 없거나 다른 종교 인구들의 경우 계속해서 늘어나고 있다"는 헤드라인과 함께, 한 연구 조사를 발표하면서 그러한 불안감을 입증해 주었습니다.[1] 성직자와 평신도 모두가 그 연구 조사를 심각하게 받아들였고, 그들 중 많은 이들이 곧장 새로운 프로그램들과 전략들로 해결책을 제시하기 시작했습니다.

로마서가 이렇게 감지된 위기를 극복하기 위한 특정한 프로그

---

1 Pew Research Center, "America's Changing Religious Landscape," May 12, 2015, http://www.pewforum.org/2015/05/12/americas-changing-religious-landscape/.

램이나 전략을 제공하는 것은 아닙니다. 하지만 로마서는 우리가 교회에 대해서 더 잘 알고 이해하도록 가르쳐 줍니다. 다시 한번 말하지만 로마서는 우리가 가진 제한된 사고 방식에 이의를 제기합니다. 앞으로 살펴보겠지만, 바울의 표현들 속에는 로마에 모인 공동체는 힘(권한)을 부여 받은 이들, 심지어 고귀한 이들이라는 그의 인식이 깔려있습니다. 동시에 편지 속에 있는 바울의 권면들을 보면, 그 공동체(교회)가 온갖 약함(weaknesses)에 노출되어 있음도 그가 인식하고 있음을 알 수 있습니다. 바울은 이 교회가 하나가 되기를, 특히 유대인과 이방인의 경계를 넘어 하나로 통합되기를 바라며 노력하고 있습니다.

바울은 교회의 덕을 세우는 일에 온통 관심을 쏟았지만, 교회 외부의 사람들에 대한 관심도 잃지 않았습니다. 공동체의 경계(선)는 확정적이지 않았으며 또한 그 경계는 인간들의 행위가 아닌 하나님의 행위로 결정되는 것이었습니다. 아래에서 더 살펴보겠지만, 교회가 **세상을 위하여** 구별되는 것이 아니라, **세상으로부터** 떨어져 나와 스스로를 고립된 존재로 이해하는 것은, 바울의 편지들을 완전히 잘못 읽은 것입니다.

로마서에서 발견되는 소소한 특징 중 하나는, 바울이 에클레시아(*ekklēsia*)라는 단어를 마지막 장에서만 사용한다는 점입니다.[2] 바울

---

2   에클레시아가 흔히 "교회"로 번역되긴 하지만, 그 용어에 특별히 기독교적인
      맥락이 있는 것은 아니며, 각종 모임들을 가리키는 데에 사용될 수도 있습
      니다. 여기서 저는 "교회"라는 번역을 사용합니다. 훗날 기독교 교회로 규정

의 다른 많은 편지들의 경우 교회나 회중을 명시적으로 부르며 시작합니다. 일례로 데살로니가전서 1:1이 있습니다.

> 바울과 실루아노와 디모데는 하나님 아버지와 주 예수 그리스도 안
> 에 있는 데살로니가인의 교회[*ekklēsia*]에 (편지하노니) ⋯ (살전 1:1)

비슷한 인사말이 고린도전서와 고린도후서, 갈라디아서와 빌레몬서에 나타납니다.[3] 그러나 로마서에서는 에클레시아라는 용어가 처음 인사말 부분에도 그리고 본론 부분에도 나타나지 않고 오직 16장의 인사말 부분에서만 나타납니다.[4] 더욱이 16장에서조차, "교

되는 사람들에 대한 바울의 견해를 확인하는 한 가지 방법은 그가 사용하는 용어, 에클레시아를 살펴보는 것입니다.

3 빌립보서 1:1은 "그리스도 예수 안에서 빌립보에 사는 모든 성도들과 감독들과 집사들(deacons)에게" 인사를 건넵니다. 에클레시아는 4:15에서 빌립보인들과 관련하여 나타납니다(참고. 빌 3:6).

4 Günter Klein는 로마서 본론에서 에클레시아가 나오지 않는 것은, 사도가 로마에 교회를 세우지 않은 연고로, 아직 로마에 참된 "교회"가 없다고 바울이 생각했음을 반영하는 것이라 주장합니다("Paul's Purpose in Writing the Epistle to the Romans," in *The Romans Debate*, ed. Karl P. Donfried, 3rd ed. [Grand Rapids: Baker Academic, 2011], 29–43). 하지만 이러한 주장을 따르는 학자들은 거의 없습니다. 저의 경우, 바울이 로마의 그리스도인들이 복음에 대해 협소한 이해를 갖고 있다고 판단하여 편지를 통해 그 이해를 확장하고 싶어한 것이라고 생각합니다(참조, the introduction and "'To Preach the Gospel': Romans 1,15 and the Purposes of Romans," in *The Letter to the Romans*, ed. Udo Schnelle, BETL 226 [Leuven: Peeters, 2009], 179–95). 이러한 관심사가 인사말 속에서 에클레시아 용어가 나타나지 않는 부분을 설

회"는 대체로 로마 외부에 있는 그룹들을 가리킵니다. 이를테면, 바울이 뵈뵈를 "겐그레아 교회의 집사(deacon)"(롬 16:1)라고 부르거나, 혹은 "그리스도의 모든 교회가 다 여러분에게 인사합니다"(롬 16:16)라고 기록할 때처럼 말이죠. 로마에 있었던 다양한 모임들에 인사를 건넬 때, 바울은 그중에 오직 한 모임, 브리스가(Prisca)와 아굴라(Aquila) 집에서 모인 모임만을 에클레시아라고 부릅니다(롬 16:5). 그러나 제가 서론에서도 언급했듯이, 로마서 16장에 나오는 인사말들은 특정 인물들과 연관된, 각기 다른 신자들의 모임을 향해 인사를 건네는 것입니다. 이 모임들의 모임 장소, 규모, 구성에 대한 연구가 계속되고 있지만, 첫눈에도 가장 분명해 보이는 것은 각각의 그룹이, 주최자(가 가진 정체성)에 따라 특정한 정체성을 갖고 있었다는 점입니다.[5] 우리가 예상할 수 있듯이, 그들은 각기 명확한 경계(선)와 정의(definition)를 갖고 있었습니다. 각각의 그룹은 특정한 장소에 모인 교회 혹은 회중이라고 할 수 있습니다.

명해 줍니다.

5   그리스도인들의 모임 장소에 관해서는 다음의 자료를 참조하시기 바랍니다. David Balch and Annette Weissenrieder, eds., *Contested Spaces: Houses and Temples in Roman Antiquity and the New Testament* (Tübingen: Mohr Siebeck, 2012); Edward Adams, *The Earliest Christian Meeting Places: Almost Exclusively Houses?* (London: T&T Clark/ Bloomsbury, 2013).

믿음으로 부르심을 받은 교회

바울은 로마서 16장에 이르러서야 명확하게 교회, 곧 **에클레시아**를 언급합니다. 바울이 "그리스도인"이라는 용어를 아는 것처럼 보이지는 않습니다.[6] 하지만 바울은 자주 "여러분"을 부르거나 "우리"[7]—이후 세대들은 이들을 가리켜 그리스도인 혹은 교회라고 부르게 됩니다—와 더불어 이야기합니다. 로마서는 몇 가지 다른 방식들로 이 그룹의 특징을 묘사하는데, 각각의 묘사는 복음이 낳은 교회를 반영하고 있을 뿐만 아니라, 복음에 대한 바울의 이해도 반영하고 있습니다.

로마서는 "예수 그리스도의 것으로 부르심을 받은 자들, 로마에서 하나님의 사랑을 받고 거룩함으로 부르심을 받은 모든 자들"(롬 1:6-7)을 부르며 시작됩니다.[8] 이 호칭에 대한 약칭으로는 1:16

---

6   "그리스도인"은 신약성경 안에서 (외부인이 비방하는 맥락인) 사도행전 11:26과 26:28, 그리고 베드로전서 4:16에서만 나타납니다. 그리스도인들이 사용한 호칭에 대해서는 다음의 자료를 참조하시기 바랍니다. Paul Trebilco, *Self-Designations and Group Identity in the New Testament* (Cambridge: Cambridge University Press, 2012).

7   물론 로마서 속에서 모든 "우리"가 교회를 의미하는 것은 아닙니다. 많은 경우에 "우리"는 수사적 표현으로 사용되며, 이를테면 "우리가 무엇이라고 말을 하겠습니까?"(예, 롬 4:1; 6:1; 7:7)처럼 반복되어 사용되는 질문인 경우도 있습니다.

8   물론 바울만 신자들을 가리켜 "거룩하다"라고 말한 것은 아닙니다(참조, 벧전 1:15-16). 또한 이 표현에 대한 구약성경의 중요한 선례가 있는데, 곧 신명기 7:6, 14:2에서 이스라엘을 가리켜 "거룩하다"고 한 것입니다.

과 3:22에서처럼 "믿는 자" 혹은 3:26에서처럼 예수―믿음에 속한 자(belong to Jesus-faith)가 있습니다.[9] 또한 4장의 마지막 부분에서 바울은 "우리"를 가리켜, "우리 주 예수를 죽은 자들 가운데서 살리신 이를 믿는 자들"이라고 말하고, 이어서 예수를 가리켜 "우리의 범죄 때문에 넘겨지셨고(내줌이 되고), 우리의 의(righteousness)를 위하여 살아나신 분이라고 표현합니다(롬 4:24-25).

믿음에 관한 이러한 언급들 가운데 특별히 놀랄 만한 점은 없습니다. 제가 서론에서도 언급했듯이, 많은 사람들이 로마서가 주로 믿음에 관해 서술한다는 점을 이미 알고 있습니다. 이는 다음과 같은 구절들에서도 잘 드러납니다.

> 저는 복음을 부끄러워하지 않습니다. 이 복음은 믿는 모든 사람들에게 구원을 주시는 하나님의 권세입니다. 먼저는 유대인에게요 그리고 헬라인입니다. (롬 1:16)

---

9   이 문장은 "그리스도의 믿음"(faith of Christ)―이 표현은 보통 "그리스도를 믿음(신앙)"(faith[belief] in Christ)으로 번역되거나 혹은 "그리스도의 믿음/신실함"(faith/faithfulness of Christ)으로 번역됩니다―을 둘러싼 열띤 논쟁에서의 제 입장을 나타내고 있습니다. (앞서 언급한 각기 다른 번역으로) 논쟁에 참여하는 양측 모두에 문제가 있다는 인식이 늘어나면서 저는 그 표현이 예수 안에서의 하나님의 행위가, 하나님에 대한 인간들의 믿음으로 이어져, 결국 하나님에게로 되돌아가는 것을 가리킨다고 생각합니다. 이 사건에 대한 약칭으로 저는 "그리스도―믿음(Christ―faith)/예수―믿음"(Jesus―faith)을 사용합니다.

하나님의 바로잡으심(rectification)이 예수 그리스도―믿음(Jesus Christ―faith)을 통하여 모든 믿는 자에게 [나타났습니다]. (롬 3:22)

주님의 이름을 부르는 모든 자는 구원을 받을 것입니다.

(롬 10:13, 칠십인역 요엘 3:5 인용)

오늘날 많은 사람들―교회 안과 교회 밖의 사람들 모두―이 이와 같은 방법으로 그리스도인을 규정하고 있습니다. 그리스도인들은 특정한 가르침을 따르고, 특정한 방식으로 믿는 사람들이라고요. 바울의 편지들은 믿음에 관한 우리의 이해를 미세하게 조정하여, 지적인 결단 혹은 개인 차원의 행동에 대한 강조에서 조금씩 벗어나게 만듭니다(본서 1장에서 우리가 살펴본 것처럼요). 그렇기는 하지만, 그리스도인을 "우리 주 예수를 죽은 자들 가운데서 살리신"(롬 4:24) 하나님을 믿는 자들로 간주하는 것이 놀랄 일은 아닙니다.

그처럼 믿음이라는 용어가 로마서 안에서 중요한 것은 사실이지만, 또 한편으로 바울은 "우리"에 대해서 다른 다양한 용어들로 이야기합니다. "우리"는 또한 하나님과 평화롭게 지내는 사람들입니다. 로마서 5:1은 이 중요한 내용을 담고 있습니다.

그러므로 우리가 믿음으로 바로잡혔으니(rectified), 우리 주 예수 그리스도를 통하여 하나님 앞에서 우리가 가진 평화를 누립시다(let us enjoy). (롬 5:1)[10]

"하나님과 평화롭게 지내다"라는 표현이 일상적인 대화에서 사용될 때는 대개 하나님을 "기쁘게 함" 혹은 하나님과 사이가 좋음을 의미합니다. 또한 우리는 하나님과의 관계에 대한 확신을 지닌 채 죽음에 다가선 사람들에게 쓰는 것을 듣기도 합니다("그녀는 하나님과 평화롭게[평안하게] 있습니다"). 바울이 죽음 이후에 "그리스도와 함께" 있을 것을 확신에 차서 말하기도 했지만(빌 1:21-24; 살전 4:17), 로마서의 문맥은 개인의 구원과 교회의 구원 그 이상의 사안이 바울에게 걸려있음을 시사하고 있습니다. 이 책의 1장에서도 살펴본 것처럼, 바울은 로마서에서, 특히 5-8장에서 자주 대립(갈등)의 언어를 사용합니다.[11] 바울이 로마서 5:10에서 지적하듯이("우리가 원수였을 때…"), 하

---

10   5:1의 주요 동사를 둘러싼 본문(비평)상의 문제가 있습니다. 일부 고대 사본
      들에는 동사가 현재, 능동, 직설법으로, 즉 "우리가 가졌습니다"(we have)라
      고 기록된 반면에, 또 다른 사본들의 경우 현재, 능동, 가정법으로 기록되어
      "(우리가) 가집시다"(let us have), 혹은 여기서 제가 번역한 것처럼 "(우리가)
      누립시다"(let us enjoy)라고 기록되어 있습니다. 하지만 제가 지금 말하고자
      하는 요지는 그저, 바울은 "우리"가 하나님과 평화롭게 지내게 되었다고 생
      각한다는 점입니다.

11   Beverly Roberts Gaventa, "The Rhetoric of Violence and the God of Peace
      in Paul's Letter to the Romans," in *Paul, John, and Apocalyptic Eschatology:
      Studies in Honour of Martinus C. de Boer*, ed. Jan Krans, B. J. Lietaert
      Peerbolte, Peter-Ben Smit, and Arie W. Zwiep, NovTSup (Leiden: Brill,
      2013), 61-75.

나님과 평화롭게 지낸다는 것은 곧 "우리"가 더 이상 하나님의 원수로 여겨지지 않음을 의미합니다. "우리"는 하나님과 화해하게 되었습니다(롬 5:10). 바울에게 있어서 기독교 공동체가 가진 한 가지 특징은 곧 하나님께서 모든 인류를 위하여 하나님을 대적하는 권세들과 싸우고 계시다는 생각인데요. 한때 하나님의 원수였던 그리스도인들은 이제 그 전쟁에서 "무기"로 자리매김합니다.

> 여러분의 지체들을 죄(Sin)에게 불의의 무기로 내주지 말고, 여러분의 지체를 죽은 자들 가운데서 살아난 자들 같이 하나님께 드리세요.[12] 그리고 여러분의 지체를, 바로잡는 일(rectification)에 쓰일 무기로 하나님께 드리세요. (롬 6:13; 참조. 롬 13:12)

이처럼 바울이 생각하기에, 그리스도인들은 전쟁이 존재한다는 것을 알고 또한 그 전쟁에 대해서도 이해하는 바가 있었던 사람들이었습니다. (로마서의 말씀을 보면) 그리스도인들은 하나님께서 하고 계신 전쟁에서 "무기"로 소개되는데, 이는 곧 그리스도인들도 그 전쟁에서 자신들의 자리를 찾으려 노력한다는 의미를 담고 있습니다. 그러한 노력은 로마서 15:30-32과 같은 본문에서도 드러납니다. 거기서 바울은 로마의 그리스도인들에게 교회의 하나됨을 위

---

12 이 표현은 영어다운 영어로 옮기기가 까다롭습니다. 바울은 '복음이 사실상 죽은 것이나 다름없는 사람들에게 생명을 불어넣는다'는 더 큰 개념의 내용을 세 단어의 그리스어로 압축했기 때문입니다.

하여, 예루살렘에서 있을 자신의 사역을 놓고 기도로 "자신과 함께 싸워달라고" 부탁합니다.[13]

한편, "우리"는 또한 생명이라는 특징을 갖기도 합니다. 로마서 5:17-18은 바로잡음(rectification)의 선물을 받은 자들이 "생명"을 얻는다는 개념을 소개하고, 6:4은 세례와 "새 생명"을 연관 짓기도 합니다(또한 6:13을 보세요). "그리스도 예수로(into)" 세례를 받고, "그분의 죽음으로(into)" 세례를 받음으로(롬 6:3-4), "우리"는 부활을 기대하게 만드는 새 생명을 얻게 됩니다(롬 6:5). 이 새로운 생명은 "우리"에게 하나님을 올바로 섬길 수 있는 힘을 줍니다. "우리"를 노예로 부리던 죄와 죽음의 손아귀에서 해방되는 것입니다. 비록 여기서 바울이 다른 곳에서처럼(고후 5:17; 갈 6:15) "새 창조"라는 용어를 사용하진 않지만, 로마서에서의 바울의 논지는 하나님의 영(God's Spirit)으로 "우리"가 새롭게 창조되었고 또한 그 영으로 예배할 수 있는 힘을 부여받았다는 개념과 상응하고 있습니다.

'힘(권한)을 받는다'는 개념은 바울이 신자들을 향해 사용한 다른 용어, 즉 "우리"는 하나님의 노예라는 표현과 상충하는 것처럼 보

---

13 NRSV성경은 이 부탁을 "저를 위하여 하나님께 열심으로 기도하는 일에 함께 해주세요"라고 번역합니다. 하지만 이 번역은 쉬나고니조마이(*synagōnizomai*) 동사가 가진 전쟁(conflict, 싸움)의 개념을 불분명하게 만듭니다. NIV성경이 "저의 분투(struggle)에 함께 해주세요"라고 번역한 것이 미미하지만 좀 더 낫습니다. 물론 "분투"라는 표현은 큰 규모에서 일어나는 일보다는 그저 개인적인 문제로 해석될 우려가 있지만요.

이기도 합니다. 바울은 로마서를 시작하면서 이 용어를 자신에게 적용했었죠. 바울은 "그리스도의 노예"(롬 1:1)입니다. 한때 죄의 노예였던 그리스도인들은 이제 의의 노예, 다시 말해 하나님의 노예로 불리게 됩니다(롬 6:16-18). 로마서 14장은 이와 같은 견해를 반영하고 있습니다. 14장을 보면, (갈등 중에 있었던) 서로 다른 신자들이 하나님의 집에 있는 종들에 비유됩니다.[14] 현대의 독자들에게는 다소 혼란스럽겠지만, 바울은 인간의 자유—지금 말하는 자유의 의미는 원하는 것은 무엇이든지 자유롭게 할 수 있다는 의미입니다—라는 개념을 사용하지 않습니다. 바울의 견해는 오히려 밥 딜런(Bob Dylan) 노래의 가사, "당신은 누군가를 섬겨야 할 거예요"에서 더 분명하게 드러납니다.[15]

죄의 권세에 붙들린 노예로부터, 하나님의 노예로의 전환은 주권(lordship)의 전환을 의미하지만, 실은 소유권의 변화 그 이상의 의미를 담고 있습니다. 이를테면, 바울은 로마서 8장의 중요한 장면에서 "여러분은 또다시 두려운 노예의 영을 받지 않고, 양자의 영을 받았으므로 우리가 부르짖습니다"(롬 8:15)라고 말합니다. 물론 두려움은 노예 제도—이는 자연스럽게 사람들을 폭력과 폭력의 위협

---

14   누가의 경우 마리아(눅 1:38), 그리고 바울과 실라(행 16:17)에게 "노예"라는 용어를 사용합니다

15   Bob Dylan의 노래 "누군가를 섬겨야 할 거예요"(Gotta Serve Somebody)의 가사 전문을 보려면, 다음의 홈페이지를 참조하세요. http://www.bobdylan. com/us/songs/gotta-serve-somebody.

에 종속시키고 또한 그로 인한 두려움에 굴복시킵니다—의 중요한 일부입니다.[16] 그러나 바울은 여기서 핵심을 바꾸고 있습니다. 하나님의 노예가 된다는 것은 두려움이 정복되었다는 것을 의미할 뿐만 아니라 실은 그 이상의 의미도 담고 있습니다. 곧 하나님의 노예가 된다는 것은 하나님의 집의 일원이 된다는 것이며, 하나님의 "아들과 딸"이 된다는 것입니다(롬 8:14). 이것이 바로 하나님의 노예입니다. 사랑받는 아이로 입양되는 것입니다. 계속해서 바울은 "우리"를 향해 훨씬 더 가치 있고 고귀한 용어들을 사용합니다. "우리"는 하나님께 입양된 사람들이자 하나님을 "아버지"로 부를 수 있는 사람들이며, 그리스도와 함께 상속자가 된 사람들이자, "형제" 그리스도와 함께 영광을 받게 된 사람들입니다(롬 8:16-17).

하지만 이처럼 호화로운 개념들이 다소 누그러지기도 합니다. 그리스도와 함께 영광을 받게 된 "우리"는 또한 그분과 함께 고난을 받아야 합니다(롬 8:17).[17] 한편, 로마서 8:18-27에서 바울은 구속을 바라는 모든 피조물의 기대—신자인 "우리"를 포함하는 기대—에 관해서 감동스럽게 이야기하는데요. "우리"는 첫 열매를 받았고, 또한 "우리"에게는 중보자 되신 성령(영)이 있습니다. 그런데 여기에서도 전제된 것은 바로 "우리"가 공격을 받고 있다는 점입니다.

---

16 참조. Orlando Patterson, *Slavery and Social Death: A Comparative Study* (Cambridge, MA: Harvard University Press, 1982).

17 Ann Jervis, *At the Heart of the Gospel: Suffering in the Earliest Christian Message* (Grand Rapids: Eerdmans, 2007).

물론 하나님께서는 "우리"를 위해 싸우실 것이며, "우리"가 "완전한 승리자"가 될 것은 분명합니다(롬 8:37; 5:17).[18]

바울이 전하는 복음의 광범위한 성격을 감안해보면, 그 복음이 인간의 삶에 미치는 영향력을 전달하려고 그가 다양한 이미지를 사용한다는 점은 결코 놀랍지 않습니다. (다양한 이미지로) 줄지어 나타나는 표현들은, 그리스도인은 그저 특정한 방식을 믿고, 특정한 교리들에 순응하는 사람들이라는 개념으로부터 우리를 멀리 떨어뜨려 놓습니다. 그 표현들은 사실상 인간의 삶 전체를 담고 있으며, 그저 몇 가지 명제에 동의하는 것으로 한정되지 않습니다.

"그리스도 안에서 한 몸"

방금 살펴본 그리스도인들을 향한 다양하고 풍성한 언어는 로마서 12-15장에서도 나타납니다. 이 부분에서 바울은 그리스도인의 삶, 특히 공동체 속에서 이루어지는 그리스도인의 삶에 제기되는 특정한 문제들을 다룹니다. 또한 바울은 그리스도 안에서 서로에게 소속되는 그리스도인들에 관해서 이야기하고 있습니다.

---

18 "완전한 승리자"(supervictors)라는 생생한 번역은 Robert Jewett의 표현입니다. Robert Jewett, *Romans: A Commentary*, Hermeneia (Minneapolis: Fortress, 2007), 548.

우리가 한 몸에 많은 지체(members)를 가진 것처럼, 모든 지체가 같은 기능을 가진 것이 아닙니다. 우리도 여럿이지만, 그리스도 안에서 한 몸을 이루고 있으며 서로 지체입니다. (롬 12:4-5)

"그리스도 안에" 있다는 표현과 개념은, 이미 바울의 편지들 중 두 곳에서 나타난 바 있습니다. 먼저, 갈라디아서 3:28에서 그 표현은 성별(gender), 민족성, 사회적인 지위 차이에도 불구하고 그리스도 안에서 신자들이 갖는 단일한 정체성, 신자들이 서 있는 단일한 위치를 표시하는 기능을 합니다. 그리고 고린도전서 12장을 보면, 영적 선물들(gifts, 은사들)의 차이로 시기가 일어나서는 안 되며, 그 차이가 예배를 통하여 그리스도의 몸의 하나됨에 기여해야 한다는 개념을 소개하고 있습니다.

바울은 12장의 문맥에서도 이러한 이미지를 토대로 몇 가지 작업을 수행합니다. 바울은 그리스도의 몸이라는 이미지로부터, 우리가 서로에 대한 책임이 있다는 개념을 추론해냅니다. 서로 지체가 된다는 것은 곧 빠져나갈 수 없는 관계가 된다는 것을 의미합니다. 한데 모인 그리스도인들에게는 서로에게서 멀어질 수 있는 선택권이 없습니다. 이것은 긍정적으로나 부정적으로나, 그 자체로 오늘날의 교회에 큰 충격을 안겨다 줍니다. 부정적인 측면에서 보면, 우리가 서로에 대한 책임이 있다는 개념은 주요 서구 세계가 가진 개인에 대한 숭배—이는 우리가 다른 사람들의 필요와 요구로부터 벗어나 있다고 상상하게 만듭니다—와 공공연히 충돌합니다.

긍정적인 측면에서 보면, 바울은 자신의 논지를 발전시키는 도중에 로마의 그리스도인들에게 그들의 영적 선물들(은사들)을 통해 전체에 기여하라고 권면하는 것입니다. 바울은 이미 하나님께서 믿음의 분량을 나누어 주셨음을 언급한 바 있습니다(롬 12:3). 또한 여기서 바울은 간단하게나마 선물들(은사들)—예언, 섬기는 일(ministry), 가르치는 일, 권면하는 일, 나누어 주는 일, 지도하는 일, 긍휼을 베푸는 일—을 거론하는데요. 이 모든 선물들은 수혜자의 최대 능력에 따라서 발휘되어야 했습니다.

이 문맥에서 바울이 두 번에 걸쳐 교만한 사람들을 향해 우려를 표한다는 점에도 주목해야 합니다.

> 여러분이 마땅히 생각해야 하는 것 그 이상을 생각하지 말고, 냉철하게 생각하세요. (롬 12:3)

> 교만한 생각을 하지 말고 겸손한 자들[19]과 사귀세요. 스스로 지혜 있는 체하지 마세요. (롬 12:16)

이러한 언급들은 다른 사람들의 신념을 짓밟는 태도에 대한 우

---

19 이 표현은 모호해서 겸손한 생각들을 의미할 수도 있고, 비천한 상황을 가리킬 수도 있습니다.

려를 드러냅니다(14장에서처럼요. 아래의 논의를 참조하세요). 이처럼 '자신의 판단에 대해 겸손하라'는 권면은 신자들에게 "주님을 위한 동네북"이 될 것을 요구하는 것이 아닙니다. 오래전 한 여학생이 그녀가 배운 교훈을 저에게 말해준 것처럼, "서로를 위한 동네북"이 되라고 말하는 것도 아닙니다. 여기서의 권면은 로마 혹은 다른 곳에서 벌어지는 상황을 반영할 가능성이 높습니다.

우리는 종종 예배 혹은 기독교 문학 가운데서 이러한 권면들을 접하곤 합니다. 너무 자주 접한 나머지 그러한 권면들은 마치 엘리베이터에서 흘러나오는 음악처럼, 우리 의식에 별다른 영향을 주지 못하는 뻔한 소리가 되었습니다. 우리는 그저 서로 잘 지내고 "친절하라"는 뻔한 이야기로 받아들입니다. 그러나 이 권면들은 교회가 갈등으로 시험을 겪을 때 분명하게 그 역할을 수행합니다. 그때에 무슨 일이 일어납니까? 이 질문은 우리를 로마서 14장으로 데리고 갑니다.

"서로를 받아들이세요"

믿음이 약한 자를 받아들이고, 그의 생각을 시빗거리로 삼지 마세요. 한편에는 모든 것을 먹는 믿음을 가진 사람이 있고, 또 다른 한편에는 채소만 먹는 약한 사람이 있습니다. (롬 14:1-2)

이 당혹스러운 권면은 일종의 교회 분쟁 안으로 우리를 몰아넣습니다.[20] 이러한 분쟁을 낳은 일이 정확히 무엇인지가(혹은 바울은 무슨 일이 벌어졌다고 생각했는지가) 뵈뵈의 (로마서 낭독을 처음으로 들은) 청중들에게는 아마도 분명했겠지만, 우리는 단편적인 정보들로 상황을 맞춰봐야 하는 입장입니다. 여기서 저는 학자들의 견해가 상당히 갈린다는 점을 인식하면서도 한 가지 가능성 있는 시나리오를 제시하려 합니다.[21] 이곳에서의 갈등과 그에 대한 바울의 반응을 강조하기 위해서 다소 대담한 필치로 시나리오를 써보겠습니다.

앞서 언급했듯이, "로마에 있는 교회"는 몇몇 소규모 그룹으로 이루어졌을 것이며 거주지에서 모임을 가졌을 것입니다. 그 거주지가 큰 규모의 집이었는지 아니면 사람들이 붐비는 공동 주택이었는지 혹은 그 외 다른 어떤 장소였는지는 논쟁 가운데 있습니다.[22] 지금 중요한 것은 그러한 장소가 여럿 있었다는 점입니다. 각각의 모임들은 그 모임만의 특징을 가지고 있었을 것입니다. 리더

---

20 일부 학자들의 경우 여기서 바울은 일반화된 혹은 가설상의 상황을 다루는 것이라 주장하지만, 많은 학자들은 바울이 특정 이슈를 인식하고 있다는 데에 동의합니다.

21 이 논쟁에서 몇 가지 주요 입장을 살펴보려면, 다음의 자료를 참조하세요. Mark Reasoner, *The Strong and the Weak: Romans 14:1–15:13 in Context*, SNTSMS 103 (Cambridge: Cambridge University Press, 1999), 1-23.

22 Jewett, *Romans*, 53-55, 62-70. 이곳에 인용된 문헌도 참조하세요. 최근의 연구로는 Adams, *Earliest Christian Meeting Places*이 있습니다. 그는 가정(집) 외의 장소에서도 만났을 수 있다고 주장합니다.

십에 있어서 뿐만 아니라, 어쩌면 나사렛 예수에 관한 메시지의 해석까지도 다양했을 것입니다. 그룹의 경계선을 벗어나서 모이는 것은 실용적이지 않았기 때문에, 대개 각 그룹은 노선을 벗어나서 모이지 않았을 것입니다. 반대로 각 그룹이 노선을 벗어나서 모일 때는, 다시 말해 단일한 회중으로 모일 때는 공동의 식사 자리를 가졌을 것입니다.

갈등이 생기기 시작한 곳은 분명 이 공동의 식사 자리입니다. 바울이 "믿음이 약한" 자들이라고 밝힌 사람들의 경우, 모세의 음식(율)법을 준수해야 한다고 주장하며 그 법을 지키는 사람들하고만 식탁의 교제를 나누었을 것입니다. "믿음이 약한" 사람들 중 일부는 분명 음식법이 곧 관습이었던 유대인이었을 것입니다. 그리고 또 다른 일부는 유대인과 유대인의 전통을 따랐던 이방인이었을 가능성이 높습니다.[23] 로마서 14:2에서 바울은 이 사람들이 "채소만 먹는다"고 말하는데, 이는 더러운(unclean) 음식을 피하는 일에 극도로 예민한 그들의 상태를 반영하는 것일 수 있습니다. 혹 반대로 "이 인간들은 지나치게 정결해서(pure) 상추만 먹는다"라는 일종의 비방일 수도 있습니다.

바울이 14:2에서 말하듯이, 또 어떤 사람들은 "모든 것을 먹을 믿음을 가지고" 있었습니다. 흔히 우리는 이들을 가리켜 "강한 자

---

23 Peter Lampe, *From Paul to Valentinus: Christians at Rome in the First Two Centuries*, trans. Michael Steinhauser, ed. Marshall D. Johnson (Minneapolis: Fortress, 2003), 69–79.

들"이라고 부르지만, 정작 바울은 그들을 강하다고 말하지 않았다는 것이 중요합니다. 바울은 15:1에 이르러 그곳에서만 "강한 자들"을 언급하는데, 더구나 거기에 나오는 표현도 반어법일 수 있습니다("정말로 강한 우리"와 같이요). 이 사람들이 곧 바울이 (14:2에서) "믿음을 가진 사람"이라고 불렀던 자들이며, 자신들은 음식법을 지킬 의무가 없다고 생각했던 사람들입니다. 이 사람들은 안식일 역시 지키지 않았지만, 뒤따르는 논의를 보면 분명하게 알 수 있듯이, 주된 갈등은 음식에 관한 것이었습니다. 모든 것을 먹는 사람들은 다른 사람들에게 마치 식욕도 통제 못하는 "쓰레기로 배를 채우는 사람"(garbage-bellies)처럼 보였을 것입니다. 사실 바울은 양쪽 모두를 비판하고 있습니다. 한편으로 바울은 결벽성을 가진 사람들을 가리켜 믿음이 "약한" 자("상추만 먹는 사람"[lettuce-eaters])라고 부르며 비판하고, 또 한편으로는 무엇이든 먹는 자들("쓰레기로 배를 채우는 사람")을 비판하고 있습니다

개별적으로 먹거나 혹은 같은 생각을 지닌 사람들끼리 작은 그룹을 이루어 먹는다면, 모두가 사이좋게 잘 지낼 것입니다. (이것이 소셜 미디어를 가장 편안하게 생각하는 오늘날의 그룹들과 평행한다는 점은 안타깝지만 분명한 사실입니다.) 공동의 식사를 위해 그룹의 노선을 넘어서 모일 때부터 마찰이 시작됩니다. 이 상황을 현대적인 용어로 표현하자면 이렇습니다. 집에서 이루어진 저녁식사 자리에서 제가 두부 요리만을 식탁에 제공하고 돼지고기 바비큐를 금한다면 어떨까요? 그렇

게 되면 아마 불쾌한 저녁 식사를 경험하게 될 것입니다. 이런 식으로 딜레마를 표현하는 것은 생생하게 느껴지긴 하지만, 또 한편으론 당시 문제를 지나치게 축소시킬 위험이 있습니다. 음식법은 각 개인이 자신이 먹을 음식을 결정한다는 수준의 이야기가 아니었습니다. 음식법은 다름 아닌 유대인의 정체성과 관련된 문제였습니다. 음식 문제로 생긴 갈등은 하나 된 모임을 갈라놓을 수 있었습니다. 하나 된 모임이 없다면 로마에 교회가 있을 수 있겠습니까?

바울의 반응은 교회에 대해 그가 가지고 있었던 이해를 밝혀줍니다.[24] 로마서 14장의 전반부(롬 14:1-12)에서 바울은 이 문제를 가져와 복음이라는 맥락과 정면으로 충돌시킵니다. 바울은 하나님과 그리스도에 관해서 세 가지 주장을 펼치면서, 인간에게 다른 사람을 판단할 수 있는 권한이 있다는 생각을 일축합니다.

- 하나님이 집 주인이시며, 오직 그분만이 집의 모든 구성원을 감독하는 분이시다. 그러므로 인간의 행동을 판단할 권리는 오직 그분에게만 있다. (롬 14:4)
- 부활로 인하여 그리스도는 죽은 자와 산 자 모두의 주권자이시다. 그러므로 "우리"는 더 이상 우리의 것이 아니라 그분의 것이다. (롬 14:7-9)

---

24 여기서 저는 제가 연구한 이전의 논의를 활용하고 있습니다. Beverly Roberts Gaventa, "Reading for the Subject: The Paradox of Power in Romans 14:1-15:6," *JTI* 5 (2011): 1-12.

- 모든 사람들은 결국 하나님 앞에 서게 될 것이기 때문이다. 오직 하나님만이 심판자이시다. (롬 14:10-11)

이 편지를 처음부터 읽은 사람이라면(혹은 가장 처음 청중들처럼 읽는 것을 들은 사람이라면) 여기서 딱히 놀랄 일은 없을 것입니다. 로마서의 초반 장들은 인간에게 하나의 근본적인 문제가 있으며 그것이 다양한 형태로 나타난다고 이야기하고 있습니다. 즉, 하나님을 하나님으로 인정하지 않는다는 것입니다(참조, 롬 1:18-32). 또한 인간의 삶이 그 스스로에게 속한 것이 아니라, 죄와 죽음에 속박되었던 삶을 자유하게 하신 하나님에게 속한 것이라면, 인간에게는 다른 사람을 판단할 권리가 전혀 없게 됩니다. 바울에게 심판은 오로지 하나님의 소관이었습니다.

마찬가지로 바울이 그리스도께서 죽은 자와 산 자의 주(Lord)로서 다스리신다고 말할 때(롬 14:9), 우리는 로마서 5장의 반향들, 곧 은혜(Grace)가 왕으로서(롬 5:21), 죄(Sin)와 죽음(Death)이라는 한 쌍의 권세들(powers)에게 승리를 거두고 다스린다는 이야기를 듣게 됩니다. 또한 바울이 14:4에서 하나님을 가리켜 "사람을 세우실 수 있는 분"이라고 말할 때, 우리는 8장 끝부분에서 들었던 매우 확신에 찬 선포를 떠올리게 됩니다. 그 선포는 곧 그리스도 예수 안에 있는 하나님의 사랑으로부터 "우리를" 떼어낼 수 있는 힘을 가진 권세는 없다는 것이었습니다. 하나님께서는 "우리를" 지키시는 권세를 가지고 계시기 때문입니다. "우리를" 지키시는 하나님의 권세는 곧 인간의 판단이라는 것이 최선이라 해도 부적합하며, 최악의 경우 교만하고 완고하다는 의미를 담고 있습니다.

하나님의 권세에 관한 이러한 주장들이, 서로 간에 판단하지 말라는 바울의 가르침을 뒷받침하고 그러한 가르침이 14장 후반부(롬 14:13-23)를 구성합니다. 이 후반부에서부터 흐름이 바뀌는데요. 14장의 전반부에서는 "상추만 먹는 사람들"과 "쓰레기로 배를 채우는 사람들"을 향한 각기 평행하는 (비판적인) 가르침들이 유독 균형감 있게 나타났습니다. 그러나 13-23절의 가르침과 훈계는 대체로 "쓰레기로 배를 채우는 사람"에 대해서 이야기합니다. 물론 양쪽 모두와 관계된 일부 개별적인 서술도 나타나긴 하지만요. 이를테면, "평화와 덕을 세우는 일을 추구하세요"(롬 14:19)와 같은 권면이죠. 하지만 후반부 대부분의 경우, 바울은 공동의 식사 자리를 다른 사람들에게 불쾌감을 주는 음식, 마음의 가책을 일으킬 위험이 있는 음식으로 배를 채우는 사람들에 대해 염려하고 있습니다.

이러한 흐름은 "쓰레기로 배를 채우는 사람들"에게 엄청난 힘(권세)이 있다는 것을 보여주고 또한 그들에게 그 힘을 조심스럽게 사용할 것을 요구하고 있습니다. 물론 바울은 음식 자체가 깨끗한 것도 아니고 더러운 것도 아니라는 그들의 입장에는 동의합니다(롬 14:14). 하지만 그들은 동료 그리스도인 앞에 걸림돌이나 장애물을 두지 않도록 주의해야 합니다(롬 14:13). 20-21절은 한 번 더 걸림돌이라는 표현을 사용합니다.

> 모든 것이 다 깨끗합니다. 그러나 어떤 것을 먹음으로써 (남을 넘어지게 하는) 걸림돌이 되면, 먹은 그 사람에게 악한 것이 됩니다. 고기를 먹지 않거나, 포도주를 마시지 않거나, 그밖에 무엇이든지 형제나 자매를 넘어지게 하는 일을 하지 않는 것이 좋습니다. (롬 14:20-21)

이러한 표현은 "쓰레기로 배를 채우는 사람들"이 실제로 다른 이들을 무너뜨릴 만한 충분한 힘을 가졌다는 다음과 같은 주장과 함께 더욱 고조됩니다.

> 만일 음식을 통해 형제(자매)의 마음이 상하게 되면, 당신은 더 이상 사랑을 따라 살지 않고 있는 것입니다. 그리스도께서 그 사람을 위해 죽으셨는데, 음식으로 무너뜨리지 마세요. (롬 14:15)

> 하나님의 일을 음식 때문에 무너뜨리지 마세요. (롬 14:20상[반절])

인간의 힘(권세)이 잘못 사용될 수 있다는 이러한 경고가, 14장 전반부에 나오는 하나님의 구원하는 힘(권세)에 관한 주장과 대조되면서 더욱 중요하게 대두됩니다.

그러나 아직 바울은 "쓰레기로 배를 채우는 사람들"에 관한 묘사를 끝내지 않았습니다. 그들은 누군가를 무너뜨릴 수 있는 잠재력도 갖고 있었지만 또 한편으로는 "평화"와 "덕을 세우는 일"에 힘쓸 수도 있었습니다(롬 14:19). "쓰레기로 배를 채우는 사람들"이 하나님의 나라가 먹는 일과 마시는 일로 이루어져 있지 않다는 점과(롬 14:17), 하나님의 강력한 통치는 그저 그들의 자유를 행사하도록 존재하는 것이 아니라는 점을 깨닫는다면, 그들은 평화와 덕을 세우는 일에 힘쓰게 될 것이었습니다.

바울은 15:1-6로 이러한 주장을 마무리 짓습니다. 15장에서 바울은 마침내 "강한 자"라고 직접적으로 언급합니다. 하지만 바울이 **지금** (진정으로) 강하다고 말하는 사람들의 행동은, 다른 이들이 무너지기까지 먹고 마시는 것이 아니라, 오히려 이웃의 덕을 위해 자신의 신념을 제쳐 두는 행동을 가리킵니다. 그러한 모습은 무엇이든 먹는 믿음을 행사하는 데서 나오는 것이 아니라, "스스로를 기쁘게"(롬 15:3) 하지 않았던 그리스도, 그분의 죽음을 따름에서 나오는 것입니다. 이처럼 진정으로 강한 힘을 행사하게 되면, 단순히 관대하고 좋은 인간 공동체로 끝나는 것이 아니라, 하나님의 구원의 영광을 하나되어 찬양하게 됩니다(롬 15:6).

어떤 면에서 보면 이 단락에서 바울이 다루는 특정한 문제는, 우리가 흔히 "실천적인" 문제라고 부르는 것과 같습니다. 우리는 교회의 관습에 대한 특정한 질문과 논쟁이 일어나는 특정한 상황에서 어떻게 행동해야 할까요? 여기서 우리가 "교회의 관습"이라고 부르는 것과 관련된 문제들을, 바울이 다루고 있다는 점에 주목해야 합니다. 하지만 바울의 경우 그 문제들을 신학적으로 생각했습니다. 그러한 반응이 당연한 반응처럼 보일 수도 있지만, 우리가 으레 문제를 다루는 방식을 감안한다면 결코 당연하다고 말할 수 없습니다.

로마서 14장의 특정한 이슈를 떠올린 뒤에 그것을 부족하나마 현재로 옮겨보려고 합니다. 그러면 교회에서의 식사 문제, 특히 식탁 위에 어떤 요리를 올릴 것인지에 대한 문제가 될 것입니다. 그 일을 채식주의자들(vegans)이 주도해야 할까요? 참치 요리(Tuna Surprise)조차 그들이 철저하게 따르는 원칙을 훼손시킬 수 있으니까요. 아니면 무엇이든 올려도 괜찮다고 하는 잡식성의 사람들이 주도해야 할까요? 물론 제가 위에서도 언급했듯이, 우리 시대의 맥락보다 훨씬 더 많은 사안들이 이 음식 문제와 연관되어 있습니다. 그럼에도 과연 이 문제가 우리 시대의 회중들(교회들) 안에서는 과연 어떻게 다루어질 것인지 생각해 볼 만한 가치가 있습니다.

제 직감에 따르면, 우리 대부분은 당면한 문제를 해결하는 측면으로 생각할 것 같습니다. 우리라면 두 개의 배식 줄을 만들 것입니다. 한쪽은 채식주의자들, 다른 한쪽은 무엇이든 먹는 사람들을 대상으로 말이죠. 식사 중에는 그 그룹들을 서로 분리시킬 것입니다. 또 필요하다면 별도의 두 식사 공간을 마련하고, 예배나 이후 (성경)

공부 시간에만 모두 모이게 할 것 같습니다.[25] 그러나 바울에게는 이 실천적인 문제라는 것이, 그보다 더 중요한 신학적인 확신을 제쳐 두고 다뤄질 수 있는 문제가 아니었습니다. 그러한 바울의 반응을 뒷받침하는 것은 곧 죄와 죽음의 권세에 포로된 인간을 구원하시려고 하나님께서 일하신다는 이야기, 하나님께서 인간을 재창조하셔서 하나가 되도록 그리고 감사할 수 있도록 하신다는 이야기, 즉 편지 전체를 관통하는 이야기입니다. 우리가 당연하게 여기는 신학과 실천 사이의 구분이 바울에게는 존재하지 않았습니다.

언뜻 보기에 "단순히" 실천적인 문제로 보이는 사안을 접했을 때조차도, 바울은 신학적으로 생각했습니다. 그리고 공동체의 삶 속에 그 문제가 구체화되기 전에, 성패가 달린 신학적인 문제를 먼저 다루었습니다.

"우리가" 지금 사는 방식[26] : 로마서 속 교회

이 장에서는 교회에 대한 바울의 이해를 살펴보기 위해서, "우리"를 향한 바울의 언어 그리고 "우리"와 관련된 논의들을 살펴보

---

25 로마의 회중들에게는 예배와 성경(공부)으로부터 식사를 분리한다는 생각 자체가 낯선 일이었기 때문에, 현대 상황으로의 비유는 분명 한계가 있음을 인정합니다.

26 Anthony Trollope에게는 미안하지만, 그가 쓴 훌륭한 소설의 제목을 차용했습니다.

고 있습니다. 이제 바울의 편지 속에서 작용하고 있는 교회에 대한 더 큰 신념을 찾아보려고 합니다. 교회의 삶에 훨씬 더 큰 영향을 미치는 정경의(canonical) 목소리 안에서 바울 역시 하나의 목소리일 뿐임을 인식하면서 말이죠. 일단, 교회라는 것이 정적인 존재, 고정된 실체가 아닐뿐더러 그럴 수도 없다는 사실을 처음부터 인식하는 것이 중요합니다. 1세기에도 교회는 정적이지 않았습니다. 예루살렘에서 표현되는 교회의 모습과 데살로니가 혹은 로마에서 표현되는 교회의 모습이 현저히 달랐습니다. 성경의 본문들과 당대 교회의 삶에 관해 질문을 던지며 우리가 찾고 있는 것은, 똑같이 따라야 할 견본이 아닙니다. 우리가 추구하는 것은 모든 시대 속에서 일하시는 하나님에 대한 증언, 곧 우리를 빚어내는 증언을 듣는 것입니다. 우리 역시 우리 시대에서 함께 증언하려 애쓰고 있으니까요.

"우리"에 관한 바울의 설명을 이해하는 데 있어 중요한 핵심은 **교회가 하나님의 것**이라는 표현입니다. 교회는 하나님, 곧 교회를 만드시고("우리"를 믿음으로 부르시고) 교회를 유지하시는 분의 것입니다. 교회는 자발적으로 함께 하는 모임, 다시 말해 자기 발전이나 믿음, 교제, 예배를 목적으로 타인과 함께 하기로 결단한 사람들의 모임이 아닙니다. 교회는 "거룩으로 부르심을 받은"(롬 1:7) 모든 자들이 한데 모인 곳입니다.

로마서 8장에서 바울이 "우리"에 관해 고양된(고귀한) 언어로 말할 수 있었던 것은 하나님의 행위, 특히 영(성령)을 통하여 일하시는 그분의 활동 덕분입니다. "하나님의 영으로 인도함을 받는"(롬 8:14) 사람들은 하나님의 "자녀", "상속자", "그리스도와 함께 공동 상속자"가 됩니다(롬 8:16-17). 곧이어 바울은 부르심을 받은 사람들, 곧 예수 그리스도의 형제와 자매로 미리 정해진 자들, 부르심을 받고 바로잡히게 되며(rectified) 영화롭게 되는 자들에 관해 이야기합니다(롬 8:29-30).

그렇지만 아직입니다. 아직은 아닙니다. **이처럼 고양된 표현도 "우리"를 외부적인 문제들과 내부적인 문제들로부터 벗어나게 하진 못합니다.** 이 점은 로마서 8장 안에서도 분명하게 드러납니다. "우리"의 영화에 관한 고양된 표현은, "우리"가 고난을 겪는다는 것(롬 8:17), 또한 현재 "우리"는 신음하고 있다는 것(롬 8:23), 그리고 예수 그리스도를 통한 하나님의 통치로부터 "우리"를 계속해서 떨어뜨려 놓으려는 권세들이 있다는 것(롬 8:31-39)을 인식하는, 더 큰 맥락 속에 자리잡고 있기 때문입니다. 8:31의 표현은 다음과 같은 바울의 생각을 드러냅니다. "하나님이 우리를 위하시면 누가 우리를 대적하겠습니까?" 그 어떤 권세도 "우리를 대적"할 수 없을 것입니다. 8:35의 목록을 제외하면 바울은 자신이 염두에 둔 상황들을 명확하게 밝히지 않습니다만, 12:18-21에 있는 반목(반대)에 대처하는 방식에 대한 권면들이 외부의 방해에 관한 그의 염려를 암시하는 것일 수 있습니다.

외부의 방해가 어떤 것이었든지 간에, 바울은 공동체 안에 문제가 있다는 점에 대해서 확신합니다. 함께 식사를 나누는 일로 발생하는 갈등 외에도, 예수 그리스도 안에서 하나님께서 행하신 일을 자신 혹은 자신처럼 생각하는 사람들에게만 제한하려는 사람들로 인해 보다 큰 문제가 발생하고 있었습니다. 12:16에서 바울은 (그와 같이) 지나치게 자만하는 이들을 비판하면서, 그 문제에 대해 일반적인 수준의 이야기를 언급하지만, 사실 이것은 11장에서 이미 어느 정도 구체화되어 나타난바 있습니다. 하나님은 "하나님의 백성을 버리지"(롬 11:1) 않으신다는 것과 현재 이스라엘의 분열은 하나님 자신의 행동으로 일어나는 것임을 이미 설명했던 바울은 마침내 이방인들을 향해 직접 말하게 됩니다. "저는 이방인 여러분들에게 말하고 있습니다"(롬 11:13).

그런 다음 바울은 지금 나타나고 있는 이스라엘의 분열이라는 맥락 속에서 자신의 사역을 해석합니다. 그는 올리브 나무에 접붙인바 된 이방인이라는 비유를 통하여 이방인 선교를 해석합니다. 이 비유 전에 바울은 "그 가지들을 향하여 우쭐대지 마세요. 여러분이 우쭐댈지라도 여러분이 뿌리를 지탱하는 것이 아닙니다. 뿌리가 여러분을 지탱하는 것입니다"(롬 11:18)라고 직설적으로 이야기했었죠. 바울은 "우리" 중 어떤 이방인들의 경우 자신들이 유대인을 대체한다고 생각한다는 사실을 알고 있었던 것 같습니다(적어도 낌새를 챈 것으로 보입니다). 이 부분에는 여전히 난해한 요소들이 있지만, (그리스도인이든 아니든) 다른 사람을 향한 오만함을 금하는 일에 있어서 바울은 단호합니다. 그처럼 단호한 금지는, 유대인과 이방인 모두를 위한 하나님의 일하심에 대한 강조가 편지 전반에 걸쳐서 나타나면서 미리 예견된 것이었습니다.

이방인들의 자만함이 유일한 문제는 아니었을 것입니다. 바울은 또한 일부 유대계 그리스도인들이 복음이 가진 우주적인(universal) 함의를 거부한다는 사실을 알고 있었던 것으로 보입니다. 바울이 로마의 그리스도인들에게 곧 있을 자신의 예루살렘 여행을 위해 기도해달라고 다급하게 요청한 것은, 단순히 어려움 없는 순조로운 여행에 대한 희망 그 이상을 이야기하고 있습니다. 바울은 자신의 사역, 특히 유대계 그리스도인들을 위해 이방인 교회들로부터 모은 헌금을 전달하는 일을 앞두고(롬 11:25-26), 그 헌금이 복음의 우주적인 지평을 반영한다는 이유로 혹여나 그들이 받아들이지 않는 것은 아닐까 두려워하고 있습니다(롬 11:30-33).

교회 생활과 관련된 이러한 문제들은 21세기 초반을 살아가는 그리스도인들에게도 익숙한 영역입니다. 바울이 가진 공동체 내부에 대한 관심—공동체가 세워지고 결속되는 것에 대한 관심—은 우리 시대에서도 분명 매력적인 입장입니다. 다양한 형태의 교회가 워낙에 공세를 받고 있는 우리 시대 상황에서는, 뚜렷한 색깔로 공동체의 경계(선)를 그려낼 수 있게 해주는 그와 같은 성경의 요소에 자연스레 끌리게 됩니다. 하지만 공동체가 당면한—외부적 그리고 내부적—문제들이 바울로 하여금 덕을 세우는 일에 매진하도록 만들었지,

불안한 마음으로 공동체의 경계를 지켜보게 만들지 않았다는 점을 인식하는 것이 중요합니다.

우리 시대 교회들처럼 스스로 수세에 몰린다고 느끼는 상황에서는, 궤도를 벗어난 생각이나 행동에 대한 경계선 감시라는 처방책을 내리기 쉽습니다. 하지만 바울은 교회를 둘러싼 경계선을 선명하게 그리는 일에 대해 특별한 관심을 갖진 않았던 것 같습니다. **카슈루트**(Kashrut, 유대인들의 음식 율법을 가리킵니다 -역주)를 지키는 여부가 많은 사람들에게는 공동체를 분리시킬 만한 이슈였지만, 바울에게는 아니었습니다. 물론 다른 지점에선 바울 역시 선을 긋기도 합니다. 고린도전서에 따르면, 아버지의 아내와 잠자리를 하는 남자는 쫓아내야 합니다(고전 5:1-5). 또한 갈라디아인들은 유대계 그리스도인 교사들을 쫓아내야 했습니다(갈 4:30). 하지만 로마서에서 바울은 하나님이 공동체를 만드신 분이시며, 그 집의 주인이심을 단언하는 것으로 만족해합니다. 구성원이 되는 자격(membership)에 대한 논쟁이 하나님으로 인해 해결되었다는 점을 내비치면서요.

물론 바울은 결코 그리스도인의 정체성 문제에 무관심하지 않았습니다. 로마서 6장에서 바울은 그리스도로 세례를 받음으로 생기는 차이를 언급하며 날카롭게 선을 긋습니다. 그리고 8장에서는 육의 영역에서 사는 것과 영(Spirit)의 영역에서 사는 것을 분명하게 구별 짓습니다. 또한 신자들은 지금이 몇 시인지 알고 있는 사람들이라고 이야기합니다. "우리의 구원이 우리가 처음 믿기 시작할 때보다 더 가까웠습니다"(롬 13:11). 무엇보다 로마서 12장에 따르면, 신자들은 그리스도 안에서 한 몸이며, 서로 지체(members)가 되는 사람들입니다(롬 12:5).

따라서 기독교 공동체는 분명 경계선을 갖고 있다고 할 수 있습니다. 하지만 그 경계선은 종종 오해를 사기도 합니다. 바울은 분명 공동체 안의 결속을 강화하고 싶어했지만(제 생각에는 특히 데살로니가전서와 고린도전서에서 그렇습니다), 외부인들을 악마화하는 방식을 사용하진 않았습니다. 베드로후서 2장의 경우 거짓 선생들을 비난하고, 요한일서는 "마귀의 자녀들"(요일 3:8)을 책망합니다. 사해문서 중 "공동체 규율(서)"은 공동체 구성원들에게 "모든 어둠의 자녀들"을 그들 개개인의 죄악에 따라, 하나님께 받아 마땅한 보복을 따라, 미워하라고 지시합니다(1QS 1.10-11). 하지만 바울의 편지들 가운데서는, 그런 수준의 독설은 나타나지 않습니다.

오히려 그와 대조적으로 바울은 로마서 안에서 외부인을 향한 상당한 관심을 나타냅니다. 로마서 12장 끝자락에서 바울은 박해자에게 복수하지 말고 모든 사람들에게 선을 행하며 평화를 만들어낼 것을 강조합니다. 이는 바울의 사상 가운데 상당히 인상적인 요소입니다. 바울은 오로지 (공동체) 내부에만 관심을 쏟는 공동체, 외부의 사람들에게는 혹평만을 가하는 공동체를 변호하면서 외부 세계를 차단하고 싶은 마음도 들었을지 모릅니다. 하지만 바울은 그러한 유혹에 빠지지 않았으며, 그의 입장은 하나님께서 모든 인간들—현재 하나님의 일하심을 볼 수 있도록 부르심을 받은 자들과, 하나님의 은혜를 깨닫지 못하고 살고 있는 자들 모두—을 위하여 그리스도 예수 안에서 행동하셨다는 이해를 따르고 있습니다. 예수를 죽은 자들로부터 살리신 하나님께 붙잡힌 (자들의) 공동체는, 자만하고 우쭐대는 자들이 문 닫고 고립되어 지내는 곳에서 살지 않습니다.

"열차"(This Train) 혹 "영광으로 향하는 열차" (This Train Is Bound for Glory)라는 제목으로 잘 알려진 노래는 어느 미국 포크송 순위표에서도 한 자리를 차지할 정도로 잘 알려져 있습니다. 우리 중 일부는 우디 거스리(Woody Guthrie)를 통해 이 노래를 알게 되었을 것이고 또 그가 만들었다고 생각하겠지만, 사실 노래의 출처는 알려지지 않았습니다.[1] 1920년대에 처음 녹음된 "열차"는 1930년대에 시스터 로제타 사프(Sister Rosetta Tharpe)가 불러 히트곡이 되었고, 이후 많은 가수들이 녹음을 했습니다. 가장 유명한 버전으로 피터, 폴, 앤 메리(Peter, Paul, and Mary)의 곡을 꼽을 수도 있지만, 루이 암스트롱(Louis Armstrong), 지미 듀랜트(Jimmy Durante), 밥 말리(Bob Marley), 조니 미첼

---

1   이 노래를 Guthrie와 연관시키는 이유 중에는, 노래가 그의 자서전, *Bound for Glory* (New York: E. P. Dutton, 1976)에서 두드러지게 나타나기 때문입니다.

(Joni Mitchell), 조니 캐시(Johnny Cash), 마할리아 잭슨(Mahalia Jackson), 스태플스 싱어즈(The Staples Singers), 멈퍼드 앤 선스(Mumford and Sons)의 곡들 또한 명반이라고 할 수 있습니다.[2]

가사는 가수에 따라 조금씩 달라졌지만 그럼에도 두 가지 요소는 변하지 않았습니다. 첫째, "이 열차"를 탈 자격이 있는 사람들, 즉 의인과 거룩한 사람이 있습니다. 둘째, 열차에 탑승할 수 없는 사람들도 있습니다. 빅 빌 브룬지(Big Bill Broonzy)의 초기 버전은 열차에 "짐 크로(Jim Crow, 흑인을 비하하는 용어 니그로[negro]와 유사한 용어입니다 - 역주)도 없고 어떠한 차별도 없다"고 명시해 놓았습니다. 또한 마할리아 잭슨의 곡은 담배를 씹는 사람과 시가 흡연자를 불법으로 규정해 놓았습니다. 한편, 유명한 우디 거스리의 버전은 도박꾼, 매춘부, 사기꾼을 포함하여 행실이 나쁜 사람들의 목록을 다 빼버렸습니다. 다양한 가수들이 불의로 간주되는 목록을 수정함에 따라, (열차) 여행에서 제외되는 사람들이 노래마다 조금씩 달라졌습니다. 하지만 공통적으로 모든 노래는 열차에 오르기 위해서 거룩해야 한다고 말했습니다.

---

2   제가 아는 한, 처음으로 "열차"의 가사가 발표된 자료는 다음과 같습니다. John A. Lomax and Alan Lomax, *American Ballads and Folk Songs* (New York: Macmillan, 1935), 593-94. "열차"와 마찬가지로 철도와 관련된 종교적인 노래들을 보려면 다음의 자료를 참조하세요. Norm Cohen, *Long Steel Rail: The Railroad in American Folksong* (Urbana: University of Illinois Press, 2000), 596-644.

"영광을 향한" 열차에 대한 이와 같은 이해가 지속되었지만, 그 와중에 브루스 스프링스틴(Bruce Springsteen)의 "꿈과 희망의 나라"(Land of Hope and Dreams)는 상당히 다른 모습으로 등장했습니다.[3] 이 곡의 멜로디는 비록 "열차"와는 달랐지만, 태생적으로 앞선 열차 노래들과 관계가 있다는 점은 틀림이 없습니다. 하지만 이 노래에서는 앞선 곡들의 논리가 뒤집혀서 나타납니다. 스프링스틴 버전에서 열차는 "성자들과 죄인들"을 싣고, 스프링스틴은 그러한 "성자들과 죄인들"에 대해 즐겁게 이야기를 늘어놓습니다.[4] 그가 노래하는 세상에서는 열차를 타는데 탑승권은 필요 없으며, 열차를 타기에 적합한지 증명할 필요도 없습니다.

스프링스틴은 모두를 포함시킨 노래를 만들고 싶었다고 명시적으로 밝혀왔기 때문에, 그의 의도는 분명하다고 할 수 있습니다.[5]

---

3 1998년에 만들어진 이 곡은 콘서트에서 발표되었고 공연 앨범에 수록되었습니다. 2012년 스프링스틴의 레킹 볼 앨범이 발표되기 이전까진 스튜디오에서 녹음되지 못했습니다.

4 가사 전문은 http://brucespringsteen.net/albums/wreckingball에서 볼 수 있습니다. Rob Kirkpatrick은 스프링스틴의 노래를 가리켜 "누구든 초대하여 모두를 태우고 난폭하게 (훔친 열차를) 운전하는 곡"이라고 적절하게 묘사한 바 있습니다(*The Words and Music of Bruce Springsteen* [Westport, CT: Praeger, 2007], 141). 그런 의미에서, 그의 곡은 또한 Curtis Mayfield의 노래, "사람들은 준비가 되었어요"(People Get Ready)에서 갈라져 나왔다고 할 수도 있습니다. 이 노래의 요소들이 "꿈과 희망의 나라"의 마지막 가사에 담겨 있습니다.

5 Bruce Springsteen, *Bruce Springsteen: Songs* (San Francisco: Harper Entertainment, 2001), 296.

또한 그는 한 인터뷰에서 레킹 볼(Wrecking Ball) 앨범에 "꿈과 희망의 나라"를 포함시키기로 결정한 이유를 밝히기도 했습니다. 그는 "규모"의 측면과 "영적"인 측면에서 "정말로 엄청난 곡"을 원했고, "쉽게 번 돈"(Easy Money)이나 "우리 자신을 돌봅시다"(Take Care of Our Own)와 같은 앞선 곡들에서 사회적인 분노를 담아 시작한 이야기를 결말 짓고 싶어했습니다.[6]

스프링스틴의 버전의 곡을 들을 때면, 그보다 앞선 수많은 가수들을 떠올리게 됩니다. 시스터 로제타 사프까지 아니 그 이상까지도 거슬러 올라가게 되죠. 어쩌면 그들은 그의 곡을 듣고 놀라워하고 곤혹스러워 할 수도 있겠습니다. '아니, 어떻게 저런 사람들이 내 열차에 타고 있는거지?' 생각하면서요.

로마서의 "모두" 직시하기

바울이 로마에 보낸 편지를 브루스 스프링스틴이 읽진 않았을 것 같지만, "꿈과 희망의 나라"의 근간이 되는 "모두"(all)는 놀랍게도 가장 영향력 있는 바울의 편지(로마서) 속 "모두"를 반향하고 있습

---

6   이러한 발언은 2012년 2월 파리에서 열린 기자 회견 자리에서 나왔습니다. *Talk about a Dream: The Essential Interviews of Bruce Springsteen*, ed. Christopher Phillips and Louis P. Masur (New York: Bloomsbury, 2013), 409–10.

니다. 우리가 계속해서 살펴본 것처럼, 하나님의 일하심은 "모두"를 위한 것입니다. 로마서의 가장 유명한 주제는 바로 이 "모두"에 대해 선포하고 있습니다.

> 저는 복음을 부끄러워하지 않습니다. 이 복음은 믿는 모든 사람들에게 구원을 주시는 하나님의 권세입니다. 먼저는 유대인에게요, 그리고 헬라인입니다. (롬 1:16)

여기서 "모든 사람들"은 그리스어로 파스(pas, 이를테면, "대혼란"[Pandemonium] 혹은 "팬데믹"[pandemic]에서처럼)이며, "모두"(all)로 번역되기도 하고 "모든"(every)으로 번역되기도 합니다. 바울은 로마서에서 이 표현을 상당히 자주 사용합니다.

때로 "모두"는 3:9처럼 우주적인 범위의 죄와 관련이 되기도 합니다. "유대인이나 헬라인이나 모두 죄의 권세 아래 있습니다"(롬 3:9). 이후 바울은 3:19-20에서 율법이 모든(파스) 입을 막고 온(파스) 세상이 심판 아래에 있다는 표현으로, 앞선 주장을 반복합니다. 그 누구도 율법 준수를 근거로 바로잡히지(rectified) 않습니다(문자적으로는, "육체 모두가 … 되지 않습니다").

예수 그리스도의 복음 안에서 하나님께서 일하심으로 "모두"에 대한 정죄가 "모두"의 구원으로 뒤바뀌게 됩니다. 로마서 3장에서 바울은 예수님의 죽음 안에서 이루어진 하나님의 의로운 행위에 관해 그가 뜻하는 바를 선언하면서, "모두가 죄를 범한 것"처럼 또한 "모두"가 믿음을 통하여 하나님의 은혜로 온전히 옳게 만들어진다고(made right) 이야기합니다(롬 3:22). 로마서 5장 후반부에서 복음에 대한 그의 이해를 부연 설명할 때는, 믿음이라는 조건조차 사라집니다. (5장 후반부에서) 아담과 그리스도 사이에 이루어진 대조의 근거는, 그들 각각의 행위가 인류 전체와 더불어 일어났다는 데에 있습니다. 한 사람의 범죄로 모두가 정죄에 이르게 된 것 같이, 한 사람의 의로운 행위가 모두를 칭의(justification)와 생명으로 이끌었습니다(롬 5:18).

로마서 9-11장에서 하나님과 이스라엘의 관계에 관하여 에둘러 드러났던 논지 역시 "이스라엘 모두가 구원을 받을 것입니다"(롬 11:26), "하나님이 모두를 불순종에 가두신 것은 모두에게 자비를 베푸시려는 것입니다"(롬 11:32)와 같은 기대로 완성됩니다.

하지만 이런 특정한 언급들만 인상적인 것은 아닙니다. 로마서 8장의 경우, 피조 세계 전체를 향한 하나님의 구원을 기대하고 있으며, 그 기대 속에서 피조물이 탄식하고 있다고 이야기합니다(롬 8:18-25). 또한 로마서 15:7-13은 예수 그리스도 안에서 일하시는 하나님에 대한 반응으로, 유대인과 이방인이 함께 송영(doxology)을 드리게 될 것이라 기대합니다. 여기에 나오는 "모두"는 빌립보서 2장의 유명한 말씀을 상기시킵니다. 그곳에서 바울은 복음 이야기 전체를 요약하며 다음과 같은 약속으로 마무리합니다.

하늘에 있는 자들과 땅에 있는 자들과 땅 아래 있는 자들로 모든 무릎을 예수의 이름에 꿇게 하시고, 모든 입으로 예수 그리스도를 주라 시인하여 하나님 아버지께 영광을 돌리게 하셨습니다. (빌 2:10-11, NRSV)

간단히 말해서, 복음은 피조 세계 전체를 이야기합니다. 바울이 상상할 수 있는 모든 곳에서, "무릎을 꿇는다"는 표현은 곧 예수 그리스도의 주되심을 인정하고("모든 입으로 … 시인하여") 순복하는 것입니다.

이 본문을 보면 알 수 있듯이, 바울은 결코 복음이 자신의 죄를 짊어진 각 개인에게 하나님께서 일종의 제안을 하시는 것이라고 생각하지 않았습니다. 이 책의 1장에서 구원에 대해 논의한 것처럼, 복음은 우리가 상상하는 것보다 훨씬 더 광대합니다. 다뤄지는 문제에 있어서도 그렇고, 모두를 포함시키는 하나님의 행동이라는 측면에서도 그렇습니다. 이 책의 2장에서 논의된 이스라엘에 관해서도 유사한 역학이 드러납니다. 2장에서 우리는 바울의 주장이 결국 하나님께서 이스라엘을 창조하셨고 이스라엘을 보존하실 것이라는 내용임을 알게 되었습니다. 이스라엘 전체를 말이죠. 하지만 특정한 사람들의 경우 하나님이 일하시는 방식을 발견할 수도 있었습니다.

"모두"는 또한 윤리(예배)를 다루는 3장과, 교회를 다루는 4장으로 이어졌습니다. 그리고 우리는 이것을 그냥 지나치지 않았습니다. 모두를 포함시키기 위해 손을 뻗으셨던 하나님은 이제 모두— 즉, 인간의 삶 전체—를 요구하십니다. 이것이 바로 바울이 "여러분의 몸을 헌금함에 던지세요"와 같은 말을 했던 이유였습니다. 또한 그가 서로 돕고 덕을 세워 나가도록 격려하며 공동체의 삶을 가르쳤던 이유이기도 합니다. 물론 바울은 언제나 외부인들의 유익을 추구하기도 했습니다.

이곳에서 바울이 말하는 "모두"에 대해 정확한 윤곽을 그려낼수 있다고 말하기는 어렵습니다. 또한 저는 제 주장이 확실하다고지나치게 고집하고 싶지도 않습니다. 로마서 11장 끝부분이 강조하는 것처럼, 그 누구도 하나님의 마음을 알지 못하니까요.

> 오 깊도다 하나님의 부유함과 지혜와 지식이여! 그분의 판단은 찾지 못할 것이며 그분의 길은 헤아리지 못할 것이로다! (롬 11:33, NRSV)

하지만 저는 빌립보서 속 찬양—"모든 무릎을 (예수의 이름에) 꿇게 하시고, 모든 입으로 예수 그리스도를 주라 시인"(하게 할 것입니다)—의 결론을 정교하게 풀어낸 것이, 바로 로마서라고 생각하면서 그 편지의 이야기를 듣곤 합니다. 또한 저는 "모두"가 정말로 모두를 의미한다고 생각하고 싶습니다. 스프링스틴이 말한 것처럼

"당신에게 탑승권은 필요 없습니다. 그저 올라타면 됩니다."

그럼에도 남은 질문들

이러한 결론을 내리면 그 즉시 곤란한 질문들이 우리 머릿속에 떠오릅니다. 그런 질문들에 대해 간단히 몇 가지 생각들을 나누겠습니다. 물론 저 또한 로마서의 한 독자일 뿐이라는 분명한 인식을 가지고서 제 생각을 나눌 것입니다. 저는 어떤 면에서도 제 자신이 성경(정경) 전체를 대변한다고 생각해본 적이 없습니다. 물론 감히 하나님을 대변한다고 생각해본 적도 없고요.

첫 번째 질문은, "모두"가, 곧 이 우주적인(universal) 지평이 믿음에 대해 무엇을 함축하나요?(라는 질문입니다). 사람들이 하나님께 받아들여지기 위해 믿을 필요는 없는 걸까요? 로마서 1:16은 구원이 "믿는 모든 사람들"을 향하며, 의심할 여지없이 믿음이 이 편지에서 상당히 중요한 요소임을 이야기하고 있습니다.

이러한 믿음의 언어에 관해 생각할 때, 바울에게 믿음이란 그 자체로 선물이었음을 기억할 필요가 있습니다. 로마서 12:3에서 바울은 각 사람에게 "믿음의 분량"을 나누어 주시는 하나님에 관해 말합니다. 믿음이 가진 선물로서의 특징은 "부르심"을 받은 신자에 관한 그의 서술 속에서 넌지시 드러납니다(롬 1:6-7; 8:30; 고전 1:9; 갈 1:6; 5:8; 살전 2:12). 그리고 빌립보서 1:29과 같은 구절에서는 보다 명확하게 드러납니다. "여러분은 그리스도와 관련된 선물을 받았습니다. 다만 그분을 믿을 뿐 아니라 또한 그분을 위하여 고난도 받게 하려 하시는 것입니다"(빌 1:29). 지금, 선물이 일부 사람들에게(만) 주어졌다는 사실이 다른 사람들, 심지어 모든 사람들에게 선물을 주실 수 있는 하나님의 능력에 한계를 긋는 것은 아닙니다.

특별히 북미의 그리스도인들의 경우, 믿음을 결단(결정)으로서 보는 견해, 다시 말해 믿음을 자유로운 인간의 반응으로 보는 견해로 지나치게 굳어져서, 그러한 견해가 수반하는 문제들을 알아차리지 못하고 있습니다. 이를테면, 심각한 지적 장애가 있는 사람에 대해서, 즉 하나님을 믿을 것인지 아닌지를 두고 인지가 가능한 방식으로 결정조차 내릴 수 없는 개인에 대해서 우리는 뭐라고 말할 수 있을까요? 물론 우리는 하나님께서는 그러한 사람들을 위한 일종의 면제 제도가 있다고 말하거나, 혹은 그들이 하나님께서 믿음으로 간주하시는 어떤 숨겨진 관계 속에 있다고 말할 수도 있겠습니다. 그러나 그렇게 말함으로써 우리는 그러한 구별을 중심으로 열등한 부류(second class)의 인간을 암묵적으로 만들어내고 있는 것입니다. 그러한 개인들이 실제로는 사람이 아니라고 간주하는 것이죠(때때로 이것이 바로 그들이 대우받고 있는 방식이기도 합니다). 여기서 이 방대한 질문을 다루고자 하는 것은 아닙니다. 하지만 적어도 하나님에 대한 우리의 반응이라는 것이 개인 차원의 믿음 혹은 불신의 문제라고

생각하는 것은 곤란하다는 점을 분명히 밝히고 싶습니다.[7]

두 번째 질문은 아마도 훨씬 더 어려운 질문일 것입니다. 이 우주적인 지평이 정말로 악한 사람들에 대해 의미하는 바는 무엇인가요?(라는 질문입니다). 우주적인 차원의 하나님의 환대가 그들에게도 적용이 되는 것일까요? 로마서는 심지어 우리에게 있어 가장 악명 높은 사례라 할 수 있는 아돌프 히틀러(Adolf Hitler)에게도 구원이 있다고 말할까요?[8] 인간들 가운데서도 단계적인 구별, 즉 착한 사람과 나쁜 사람이라는 어떤 구별이 있지 않나요? 이것은 상당히 혼란스러운 질문입니다. 물론 애초에 그런 의도를 가진 질문인 것은 압니다. 여기서 다시 한 번, 우리는 로마서 11장의 끝자락을 떠올릴 필요가 있습니다. 일단 우리에게는 하나님의 마음이 없다는 것을 기억해야 할 필요가 있습니다.

적어도 로마서의 관점에서 보면, 이러한 질문들이 가진 문제는, 그 질문들이 바울이 그렇게나 없애고자 노력했던 바로 그 구별—즉, "선한" 사람들 혹은 "나쁜" 사람들이라는 구별—을 다시 가져온다는 점입니다. 모든 사람이 죄의 권세 아래 있다고 바울이 가차 없이 단언한 것을 다시 한번 떠올려보세요(본서 1장 참조). "나쁜" 사람

---

7   저는 이 문제를 두고 고민한 적이 있습니다("Which Humans? What Response? A Reflection on Pauline Theology," *ExAud* 30 (2014): 50–64).

8   이 부분에 대해서는 다음의 자료를 참조하세요. Stanley Stowers, *A Rereading of Romans: Justice, Jews, and Gentiles* (New Haven: Yale University Press, 1994), 176.

들에 관한 질문은 곧 질문을 제기하는 우리는 그 경계선 양편에 누가 서 있는지, 누가 열차에 타야 하는지 알고 있다고 전제하는 것이나 마찬가지입니다. 역사 속 악인들의 경우 구원이 어렵다는 것을 바울이 굳이 보여줄 필요가 없습니다. 우리가 "선하다"고 여기는 사람들의 구원을 드러내는 것부터 이미 충분히 어려운 일이니까요.

여기서 다른 종류의 문제도 소개할 필요가 있을 것 같습니다. 곧 다른 사람들을 향한 하나님의 태도를 살피는 일에 몰두하면서, 정작 우리 자신을 그 "다른" 사람들과 분리시키려는 강한 욕망에 관한 문제입니다. 그 욕망은 너무나 자주 우리의 잘못을 보지 못하게 만들며, 또한 우리가 다른 곳에서 비난을 퍼붓던 악을 순순히 받아들이게 만듭니다.[9]

세 번째 질문은, 만일 바울이 우주적인 지평을 가지고 있었다면, 그가 가진 선교의 원동력은 무엇이었습니까?(라는 질문입니다). 바울이 개인의 믿음과 행동이 중요하지 않다고 여겼었다면, 그것들이 구원에 있어서도 중요하지 않다고 생각했었다면, 어째서 그렇게 지중해 세계를 두루 다니는 선교에 열심으로 헌신했을까요? 바울이 기독교

---

9   마태복음 7:1-6이 떠오릅니다. 또한 Flannery O'Connor의 이야기도 생각납니다("Revelation," in *Everything That Rises Must Converge* (New York: Farrar, Straus & Giroux, 1956), 191-218). 다음의 자료도 참조하세요. J. Louis Martyn's "From Paul to Flannery O'Connor with the Power of Grace," in *Theological Issues in the Letters of Paul* (Nashville: Abingdon, 1997), 279-97.

선교의 실패를 두려워하지 않았다면, 어째서 그렇게 로마서 9장의 도입부에서 애통해 한 것일까요?

분명 바울은 로마서 11:14에서 그의 동족 중 "일부"라도 구원하고 싶다고 말하고 있으며, 이는 그가 "일부"는 구원을 받고 일부는 받지 못하는 때를 예상했음을 암시하는 것일 수 있습니다. 바울은 자신이 복음을 전하고 가르치는 이유를 설명하면서, 자신이 그 일을 위해 보냄을 받았다고 이야기합니다. 물론 이것은 이스라엘 "모두"가 구원을 받을 것이라는 주장으로 완성되는 그의 결론과는 다소 어울리지 않는 것처럼 보이기도 합니다(롬 11:26). 그럼에도 바울은 그가 하는 일에 대해서 언급할 때, 분명 하나님께서 하나님의 목적을 위하여 맡기신 과업으로 이야기합니다. 바울은 "그리스도의 노예"였고(롬 1:1; 갈 1:10; 빌 1:1), 복음을 전하는 일에 부르심을 받았으며(롬 1:1; 고전 1:1; 15:9; 갈 1:15), 하물며 태어나기도 전에 택정되었습니다(갈 1:15). 그가 가진 (그 일에 대한) 강박감은 "내가 복음을 전하지 않으면 나에게 화가 있을 것이다!"라고 선언할 정도였습니다(고전 9:16 NRSV; 참조. 고전 9:17; 갈 2:7; 살전 2:4).

더 정확히 표현하자면, 바울이 복음을 선포한 이유는 그것이 참이고, 정말로 좋은 소식(즉, 복음)이며, 또한 그 좋은 소식이 위로와 격려와 희망을 가져다 준다고 믿었기 때문입니다. 이 시점에서 바울이 가장 이른 시기에 쓴 편지(데살로니가전서)가 아마도 도움이 될 것 같습니다. 그 편지에서 바울은 데살로니가인들이 복음의 선물을 받고 잘 자라 준 것에 대한 감사로 시작합니다. 그리고 바울은 자신과 동료들에 대해 이야기하죠. "우리가 여러분 가운데서, 여러분을 위하여 어떤 사람이었는지 여러분은 알고 있습니다"(살전 1:5, NRSV). 이어서 바울은 우리가 하는 논의들 가운데서 너무나 자주 간과되는 복음의 차원을 소개하고 또한 데살로니가에 있는 기쁨에 대해 설명합니다. 예수 그리스도 안에서 일하신 하나님의 행동은 기쁨을 낳습니다(특히, 롬 14:17; 15:13; 고후 1:24; 2:3; 7:13; 갈 5:22). 그 소식을 어떻게 전하지 **않을** 수 있겠습니까? 그 기쁨은 또한 로마서 9:1-5에 있는 바울의 애통함, 곧 하나님의 형언할 수 없는 선물을 아직 나누어 받지 못한 동족들을 향한 애통함을 설명해줍니다.

(지금까지 내용들과) **관련된 마지막 질문은, 이 우주적인 지평에서 윤리적인 명령은 어디에 위치하는가?**(라는 질문입니다). 행동의 동기는 어디에 있습니까? 사람들의 행동이 나아지지 않는다면, 복음이 무슨 소용이 있습니까? 저는 앞서 세 번째 질문에 답한 것과 비슷한 방식으로 대답해 보려고 합니다. 복음 안에서 하나님은 그저 가르치고 훈계하시는 것이 아닙니다. 하나님은 무능함(불능)으로부터 인간을 해방시키고, 실제로 인간을 재창조하십니다(고후 5:17; 갈 6:15). 이 새로운 피조물은 능력을 부여하는 선물을 받은 존재로서 이제 (바울의) 권면을 들을 수 있게 되었습니다(롬 12:1-2). 바울은 심지어 이 새로운 피조물(의 존재)조차 하나님께서 이루고자 하시는 일의 시작일 뿐임을 잘 알고 있었습니다(롬 8:18-25). 바울이 자신의 편지들 가운데 다

루는 수많은 문제들은 그리스도인들의 죄를 짓는 능력이 엄청나다는 것을 드러내지만, 또 한편으로 그의 권면들은 하나님께서 인간들을 그들 자신의 손에 맡겨두지 않으실 거라는 약속도 보여주고 있습니다(롬 15:6, 13; 8:31-39).

이러한 설명들은 격렬한 반대를 불러일으키곤 합니다. 여기서 제 생각을 다시 분명하게 밝히고 싶습니다. 제가 로마서의 우주적인 지평에 대한 질문을 던지는 것은, 그것에 대해 단 몇 단락으로 대답해낼 수 있기 때문이 아닙니다. 바울이 로마서 혹은 다른 곳에서 의식적으로 그러한 질문을 다루고 있는지는 분명하지 않습니다. 심지어 제가 바울의 대답을 이해했다고 확신하더라도, 그의 대답이 성경 속 다른 증언들과 일맥상통한다고 주장할 수도 없습니다. 로마서의 우주적인 지평에 관한 질문을 강조하는 이유는 다시 한번 우리 앞에 광대한 복음을 세워 두기 위함입니다. 우리가 들어야 하는 이야기는, 복음이 우주(cosmos), 곧 피조 세계 전체—세계의 모든 곳과 우리 삶의 전 영역—를 담고 있다는 이야기입니다.

✝

제가 처음으로 신학교에서 로마서를 가르칠 때, 저는 간단한 과제를 하나 내주며 시작했습니다. 수업에 들어온 학생들에게 로마서를 처음부터 끝까지 한 번에 읽으라고 주문했죠. 교과서나 주석을 보기 전에 말이지요.

수업이 시작 되기 전에, 한 학생이 굉장히 당황스러워하며 저에게 다가왔습니다. 그녀는 목소리조차 제대로 내지 못하면서 이렇게 말했습니다. "저는 이 과제를 못하겠어요. 로마서를 읽지 못하겠습니다." 그럴 수밖에 없는 이유들이 쏟아져 나왔습니다. 그녀가 로마서를 읽을 때 들었던 목소리는 경직되고 단조로우며, 인위적으로 예배 형식이 되버린 목소리였습니다. 한 줄 한 줄이 그 학생을 스쳐 지나갈 뿐이었고, 결국 그녀가 로마서에 무관심하도록 만들어버렸습니다. 그녀는 더 이상 버틸 수 없었죠. 로마서의 논지를 이해할 만큼 충분히 오래 버틸 수 없었기 때문에, 결국 그녀는 로마서가 가진 생명력을 잃어버리게 되었습니다.

저는 이 책이 이와 비슷한 경험을 가진 분들에게 도움이 되기를 바랍니다. 실제 편지가 눈에 들어오기 시작하고 또 그 편지에 오랜 시간 머물 수 있게 되기를 바랍니다. 그 외에도, 우리 모두를 향한 하나님의 크신 사랑과 갈망과 결단을 엿볼 수 있게 되기를 희망합니다. 아울러 우리 모두가 타기에 충분한 열차를 스프링스틴과 함께 상상할 수 있기를 희망합니다.

바울과 그의 편지들에 관한 입문서

Bassler, Jouette. *Navigating Paul: An Introduction to Key Theological Concepts.* Louisville: Westminster John Knox, 2007.

Cousar, Charles B. *The Letters of Paul.* Interpreting Biblical Texts. Nashville: Abingdon, 1996.

Gray, Patrick. *Opening Paul's Letters: A Reader's Guide to Genre and Interpretation.* Grand Rapids: Baker Academic, 2012.

Hooker, Morna D. *Paul: A Short Introduction.* Oxford: Oneworld, 2003.

Horrell, David G. *An Introduction to the Study of Paul.* Approaches to Biblical Studies. London: T&T Clark, 2000 = 『바울 연구 입문』(기독교문서선교회, 2016).

Longenecker, Bruce W., and Todd D. Still. *Thinking Through Paul: A Survey of His Life, Letters, and Theology.* Grand Rapids: Zondervan, 2014. = 『바울』(성서유니온선교회, 2019)

Meeks, Wayne A., and John T. Fitzgerald, eds. *The Writings of St. Paul.* 2nd ed. New York: W. W. Norton, 2007.

Westerholm, Stephen, ed. *The Blackwell Companion to Paul.* Malden, MA: Wiley-Blackwell, 2011.

로마서에 관한 도서

Byrne, Brendan, SJ. *Romans.* Sacra Pagina. Collegeville, MN: Liturgical Press, 1996. = 『로마서』(대전가톨릭대학교출판부, 2019).

Grieb, A. Katherine. *The Story of Romans: A Narrative Defense of God's Righteousness.* Louisville: Westminster John Knox, 2002.

Hultgren, Arland. *Paul's Letter to the Romans.* Grand Rapids: Eerdmans, 2011.

Keck, Leander E. *Romans.* Abingdon New Testament Commentaries. Nashville: Abingdon, 2005.

Matera, Frank J. *Romans.* Paideia Commentaries on the New Testament. Grand Rapids: Baker Academic, 2010.

Westerholm, Stephen. *Understanding Paul: The Early Christian Worldview of the Letter to the Romans.* 2nd ed. Grand Rapids: Baker Academic, 2004.

*특정한 주제나 문헌들을 알고 싶다면 각 장의 각주를 참조하시기 바랍니다.

구약성경

로마서에 가면

초판1쇄   2021. 02. 23
초판2쇄   2021. 03. 10
지은이   비벌리 로버츠 가벤타
옮긴이   이학영
교정교열   김덕원 박선영 하늘샘
표지디자인   장미림

발행인   이학영
발행처   도서출판 학영
전화   02-853-8198
팩스   02-324-0540
주소   서울시 관악구 남부순환로 168길 68-2
이메일   hypublisher@gmail.com
총판처   기독교출판유통

ISBN   9791197035593 (03230)
정 가   13,000원